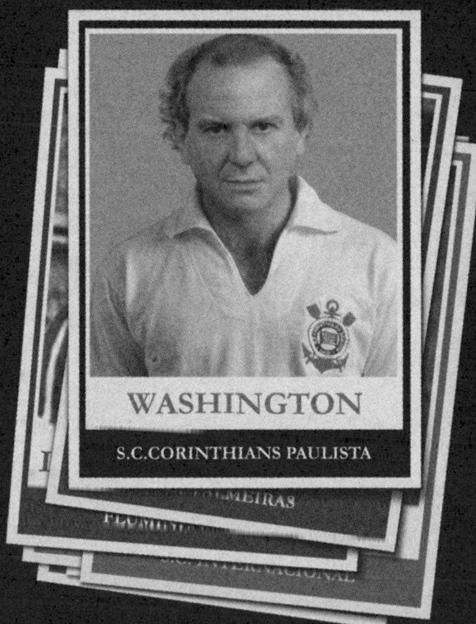
WASHINGTON
S.C.CORINTHIANS PAULISTA

CORINTHIANS
×
OUTROS

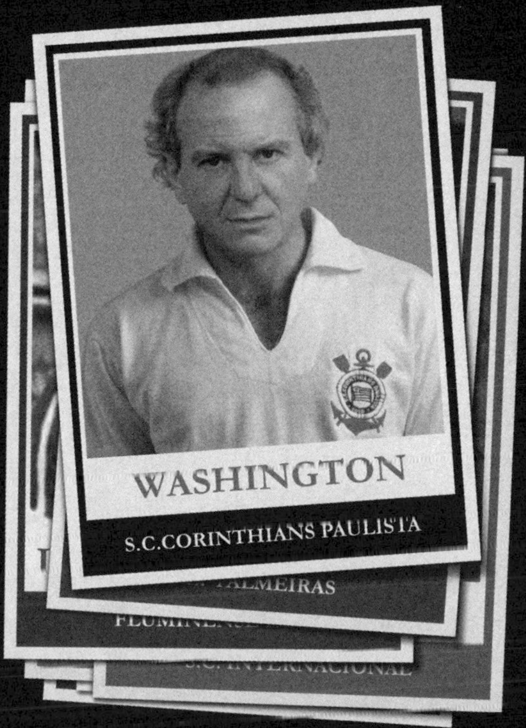

Os melhores nossos
contra os
menos ruins deles

WASHINGTON OLIVETTO

LeYa

Aos meus meninos, todos Olivetto,
todos Corinthians, todos homens com H:
Homero, Theo, Arthur e Heitor.

SUMÁRIO

Este é um livro de pai para filho desde 2008: a ideia de sua realização surgiu em outubro daquele ano, quando lancei uma coletânea de textos, citações e paródias de diferentes autores baseados no comercial "O Primeiro Sutiã a Gente Nunca Esquece", produzido em 1987, para a Valisère.

Dediquei aquela coletânea a minha filha, Antônia, "de 4 anos de idade e que ainda vai ter o seu primeiro sutiã", e, no dia do lançamento do livro, ouvi do meu filho Theo, irmão gêmeo de Antônia, a pergunta: "E eu, não vou ter um livro dedicado a mim?".

Fiquei com aquilo na cabeça e resolvi pensar na ideia de um livro para dedicar ao meu menino. Ou aos meus meninos: meus filhos e netos.

Inspirado pela bem-sucedida experiência do livro *Corinthians – É Preto no Branco*, que tive o privilégio de escrever com Nirlando Beirão, imaginei que o livro "para os meninos" poderia voltar ao tema futebol, sempre do agrado de todos, e ter como assunto principal o Corinthians, obsessão recorrente na minha vida.

Mas, conhecedor também das repercussões de *Corinthians – É Preto no Branco*, que misturava realidade com ficção, mas era um livro de corintianos para corintianos, imaginei que a estrutura realidade/ficção do livro anterior poderia ser mantida, porém a temática do novo livro deveria ser mais abrangente, ambicionando atingir também os torcedores de outras equipes.

Assim, cheguei à ideia deste *Corinthians × Outros*, agora materializado do jeito como foi concebido.

Nele, eu escalo o meu Corinthians de todos os tempos, com 14 jogadores (já que o futebol de hoje se joga com 14), deixando claro, desde o início, que, como todo técnico em qualquer convocação, eu cometo algumas injustiças.

Meus 14 escalados são Zé Maria, Gamarra, Roberto Belangero, Wladimir, Dino Sani, Rincón, Marcelinho Carioca, Casagrande, Sócrates, Rivellino, Neto, Tevez, Ronaldo e o goleiro Gilmar. Meus quatro injustiçados são Luizinho, Cláudio, Biro-Biro e o "Pé de Anjo", Basílio.

Os 18 citados (escalados e injustiçados) estão aqui minibiografados. E os 14 escalados participam ativamente dos jogos de ficção que escrevi.

Para construir os jogos de ficção, pedi a alguns amigos, notórios torcedores de equipes "inimigas" do Corinthians, que escalassem os seus times de todos os tempos, também com 14 jogadores.

A partir dessas escalações, elegi um jogador de cada equipe "inimiga" para ser também minibiografado. E servir de gancho para cada partida ficcional entre o meu Corinthians de todos os tempos e aquele nosso "inimigo" de todos os tempos.

As minibiografias, tanto dos corintianos (escalados e injustiçados) quanto dos "inimigos", são absolutamente verdadeiras, feitas com a colaboração do jornalista e pesquisador Celso Unzelte.

Já as ficções são de minha inteira responsabilidade. Embaixo das ficções, coloquei algumas observações, apelidadas de "Notas de Roda-os-Pés", que procuram esclarecer ou restabelecer a realidade dos fatos em tópicos produzidos também com a colaboração do Celso Unzelte.

Minha intenção com este livro, além de acarinhar os meus meninos e exaltar o Corinthians, foi produzir algo que falasse do futebol como o mais democrático dos esportes e o único capaz de sair dos campos de jogo para adentrar os mais diferentes campos da cultura e da sociedade.

Fora essas intenções mais que óbvias, embuti também neste livro um subtexto que, pretensiosamente, espero gerar algum resultado.

Procuro mostrar que a brincadeira, a galhofa e a sacanagem verbal fazem parte do futebol e precisam ser exaltadas e preservadas. Enquanto a violência dentro e, principalmente, fora do campo precisa ser combatida e banida.

Torço para que você concorde e se divirta lendo este livro quase tanto quanto eu me diverti escrevendo.

Washington Olivetto

O CORINTHIANS DE TODOS OS TEMPOS

SÓCRATES
S.C. CORINTHIANS PAULISTA

GAMARRA
S.C. CORINTHIANS PAULISTA

WLADIMIR
S.C. CORINTHIANS PAULISTA

ROBERTO BELANGERO
S.C. CORINTHIANS PAULISTA

GILMAR
S.C. CORINTHIANS PAULISTA

MARCELINHO CARIOCA
S.C. CORINTHIANS PAULISTA

NETO
S.C. CORINTHIANS PAULISTA

RONALDO
S.C. CORINTHIANS PAULISTA

ZÉ MARIA
S.C. CORINTHIANS PAULISTA

RINCÓN
S.C. CORINTHIANS PAULISTA

RIVELLINO
S.C. CORINTHIANS PAULISTA

CASAGRANDE
S.C. CORINTHIANS PAULISTA

DINO SANI
S.C. CORINTHIANS PAULISTA

CARLITO TEVEZ
S.C. CORINTHIANS PAULISTA

OS INJUSTIÇADOS

BASÍLIO

Poderia ter sido Vaguinho, que, naquele lance, acabou chutando na trave, ou Wladimir – se, no rebote, Oscar não tivesse tirado a bola em cima da linha. Acabou sendo ele, João Roberto Basílio, imortalizado há mais de três décadas por causa de um único gol, aquele que, na vitória por 1 a 0 sobre a Ponte Preta, na noite de 13 de outubro de 1977, tirou o Corinthians de uma fila de mais de 22 anos à espera do título de campeão paulista. "Muitos são chamados e poucos são escolhidos", filosofa Basílio. "Só que eu fui chamado e escolhido ao mesmo tempo." Ele se refere ao fato de ter sido chamado pelo técnico Oswaldo Brandão para, nos dois primeiros jogos daquela decisão, jogar de lateral-direito, fora de posição, ajudando Zé Maria a segurar as descidas pela esquerda de Odirlei, que era a jogada forte da Ponte. "Aí, no jogo decisivo, eu volto para a minha posição e, de repente, faço o gol. Então, acho que nada é por acaso."

Também não foi por acaso que Basílio chegou ao Corinthians em 1975, dois anos antes de sua consagração. O meio-campista tentou primeiro as peneiras do São Paulo e do Nacional. Foi aprovado em ambas, mas, nas duas vezes, não retornou. Acabou se criando para o futebol dentro da Portuguesa, o clube mais próximo da Casa Verde, o bairro onde nasceu e cresceu. Na Lusa, ele já havia conseguido a façanha de ser campeão paulista em 1973, na polêmica decisão com o Santos em que os dois clubes acabaram dividindo o título por causa de uma confusão do árbitro Armando Marques na hora de contar as cobranças de pênaltis.

O namoro entre Basílio e o Timão vinha de longe. Na primeira vez, foi Rivellino quem o indicou, ávido por um parceiro de meio-campo que facilitasse sua própria vida. A segunda tentativa aconteceu em um sábado de carnaval em que Basílio chegou a ser flagrado por espiões da diretoria da Portuguesa negociando a transferência clandestinamente dentro do Parque São Jorge. Por causa disso, acabou até multado em seus vencimentos.

Corintiano desde criança, Basílio vivenciou das arquibancadas o período de tormento ao qual, um dia, iria pôr fim. "Ia a todos os jogos do Corinthians desde os meus 5, 6 anos. Pulava o muro do Pacaembu", confessa o Basílio torcedor. "Depois, quando pessoas do meu bairro passaram a trabalhar como porteiros no estádio, entrávamos de graça." A tão sonhada transferência, enfim, acabou acontecendo quando tinha tudo para não dar certo. "O presidente da Portuguesa deu a mim e ao Xaxá a condição de negociar nossas saídas diretamente com um outro clube", lembra o herói, que primeiro procurou o Santos. Chegou a acertar tudo, como comprova uma foto em que Basílio aparece vestindo uma outra camisa alvinegra. Até um cheque de seu novo clube Basílio chegou a pegar, mas à noite as diretorias do Corinthians e da Portuguesa fecharam negócio. O pai de Basílio, que na época cuidava de sua vida profissional, foi quem deu o ultimato: "Agora, ou você acerta com o Corinthians, ou vai renovar contrato com a Portuguesa". E ele foi parar no Timão.

Na tarde de 26 de julho de 1975, um sábado, o Corinthians enfrentava o América de São José do Rio Preto no Pacaembu pela fase decisiva do Campeonato Paulista. Na cobrança de um escanteio, Basílio tentou subir na área e levou uma cotovelada na cabeça, em um choque com o goleiro Luís Antônio. Ao cair, bateu a boca na chuteira do companheiro Vaguinho e desmaiou. Com parada respiratória, Basílio foi para o vestiário, onde sua língua teve de ser desenrolada pelo massagista corintiano Davidson. O médico Osmar de Oliveira (hoje jornalista esportivo) tentou a respiração boca a boca, sem sucesso. "Só fui dar por mim no hospital", recorda.

A suspeita de traumatismo craniano felizmente não se confirmou. Assim, Basílio sobreviveu para virar herói e mais uma vez recordar o lance que o consagrou: "Quando o Vaguinho chutou na trave, pensei que a bola tivesse batido no ferro que segura a rede pelo lado de dentro e voltado para dentro do campo. Ia reclamar com o juiz, mas não deu tempo: ela acabou voltando para mim. Bati com convicção". Bem-humorado, ele conta que até hoje é parado nas ruas pelos torcedores: "E não é só pelos do Corinthians, não: os dos outros times sempre falam: 'Puxa, você não podia ter chutado aquela bola para fora?'".

João Roberto Basílio, aquariano, nascido no dia 4 de fevereiro de 1942, é o autêntico e verdadeiro "Pé de Anjo". O craque alvinegro que com um gol se transformou em herói da noite para o dia. Não era para menos: graças ao seu gol, o Corinthians voltou a ser campeão paulista depois de 22 anos, oito meses e uma semana.

Abençoado seja.

CLÁUDIO

O mais marcante dos 305 gols que fazem de Cláudio Christóvam de Pinho o maior artilheiro da história corintiana foi marcado no Pacaembu, em uma tarde de domingo, 10 de julho de 1955. O Corinthians enfrentava o Benfica, de Portugal, na decisão do Torneio Internacional Charles Miller. O jogo contra o Benfica seguia empatado por 1 a 1 até os 35 minutos do segundo tempo, resultado que garantia mais uma taça ao alvinegro. Quando o árbitro alemão Horst Harden marca falta para o Corinthians na entrada da área, é ele, que já havia empatado o jogo cobrando um pênalti, quem se prepara para a cobrança. O lendário goleiro Costa Pereira – o maior de sua posição na história da seleção portuguesa, embora fosse moçambicano de nascimento – arma a barreira em cima da linha da grande área. Coloca-se no canto direito do gol. E fica esperando. Como sempre, o chute de Cláudio não sai com força, mas é muito, muito bem colocado. A bola, então, passa pelos homens da barreira, faz uma curva fantástica e, depois de bater na trave esquerda, morre caprichosamente no fundo das redes do Benfica. "Mas foi um gol de *curbita,* pá!", teria dito o atônito goleiro adversário, segundo o enredo de uma história que já virou lenda e até hoje é repassada aos corintianos de geração para geração.

Para a torcida, ele era o "Baixinho", pois media apenas 1,62 metro de altura e não pesava mais que 60 quilos. O capitão. O cérebro. O gerente. Foram 12 anos a serviço do Timão, entre 1945 e 1957, ao longo dos quais Cláudio entrou em campo 549 vezes. Na esmagadora maioria daquelas partidas, em sua posição original, a hoje extinta ponta-direita; em outras poucas, quebrando um galho pela meia.

Era, antes de tudo, um preparador de jogadas, capaz de criar tantos ou mais gols quanto aqueles que marcou, de oferecer passes matemáticos para os pés do meia e cruzamentos precisos para a cabeça do centroavante. Que o diga Luizinho, com quem formou a ala direita corintiana por oito anos, de 1949 a 1957. Que o diga, principalmente, Baltazar, eternizado como "O Cabecinha de Ouro", em grande parte graças aos centros certeiros de Cláudio, executados sob medida para ele durante todo o período em que defenderam juntos o Corinthians, entre 1945 e 1957.

Cláudio não começou a carreira no Corinthians. Nem mesmo a terminou. Sua trajetória como jogador de futebol está diretamente ligada à história dos três maiores rivais corintianos. Uma vez nascido em Santos (onde morou por praticamente toda a vida), em uma segunda-feira, 17 de julho de 1922, nada mais natural que o filho de seu Bento Christóvam de Pinho e de dona Palmira Tavares de Pinho tivesse dado seus primeiros chutes como profissional no Santos Futebol Clube, desde sempre o principal time da cidade. Em 1942, já considerado a maior revelação do futebol paulista, Cláudio não só se sagrou campeão estadual como fez história no Palmeiras, ao marcar o primeiro gol do antigo Palestra com seu novo nome, na vitória por 3 a 1 sobre o São Paulo, que valeu o título daquele ano. Desvalorizado no Parque Antarctica, Cláudio voltaria uma vez mais à Vila Belmiro, entre 1943 e 1944, antes de aportar e se fixar no Parque São Jorge, já veterano.

O casamento com o Corinthians durou quase 13 anos. Mais precisamente, de 14 de março de 1945, data da estreia de Cláudio com a camisa corintiana, no Pacaembu, em um empate de 4 a 4 com o São Paulo, pela Taça São Paulo, até 29 de dezembro de 1957, quando, no mesmo estádio e diante do mesmo adversário, o Gerente despediu-se de sua Fiel com uma amarga derrota por 3 a 1 – que acabou custando ao Corinthians o título paulista daquele ano. Entre as duas pontas, muito mais alegrias que tristezas.

Alegrias que começam depois da fraca campanha corintiana no Campeonato Paulista de 1949. Um melancólico quinto lugar, dividido com o modesto Ypiranga, sinalizou a necessidade de renovação no São Jorge.

Ao lado de Baltazar, Cláudio seria um dos poucos titulares remanescentes naquela virada dos anos 40 para os 50, em que a equipe ganhou o sangue novo de gente como o goleiro Cabeção, o lateral-direito Idário, o centromédio Roberto Belangero e, principalmente, o meia Luizinho. Com sua juventude e mobilidade, o Pequeno Polegar, como passaria a ser chamado, veio trazer alento ao futebol do já maduro Cláudio. Todos esses novos jogadores foram garimpados pelo técnico José Castelli, o Rato, ele próprio um ex-ídolo corintiano dos anos 20 e 30. Entre aquele final de 1949 e o início de 1950, em que a equipe conquistou o ressuscitado Torneio Rio-São Paulo, começava uma nova era para o Corinthians. E para o próprio Cláudio Christóvam de Pinho, que já contava 27 anos.

Dali em diante, o Corinthians passa a viver uma fase de excesso de glórias, sempre sob o comando e com a participação decisiva de seu capitão. O ano seguinte, 1951, seria o da redenção absoluta. Uma década depois, o alvinegro finalmente voltava a conquistar o título paulista, e em grande estilo. Pela primeira vez na era profissional, uma linha de ataque – formada por ele, Cláudio, mais Luizinho, Baltazar, Carbone e Mário – conseguia ultrapassar a barreira dos cem gols no Campeonato Paulista, superando, assim, o recorde do Santos, estabelecido em 1927, portanto ainda na era do amadorismo. No Campeonato Paulista de 1951, foram exatos 103 gols corintianos em 28 jogos, incríveis 3,67 gols marcados, em média, por partida. Cláudio deixou sua marca nas redes adversárias 17 vezes. No ano seguinte, 1952, o bicampeonato paulista chega de forma mais tranquila que a esperada, com 25 vitórias nos 30 jogos disputados. Na mais inesquecível delas, um 6 a 4 em cima do Palmeiras, Cláudio deixou sua marca nas redes do arquirrival (e do goleiro argentino Herrera) nada menos do que três vezes. Ele foi igualmente decisivo nas conquistas do bi do Rio-São Paulo, em 1953/54; na conquista da Pequena Taça do Mundo, na Venezuela, em 1953; e, principalmente, no título paulista do ano do IV Centenário, 1954.

Naquela histórica campanha, o capitão corintiano participou de absolutamente todos os 26 jogos. Marcou 12 dos 55 gols da equipe, sendo nove deles em cobranças de pênaltis e um de falta. De suas mãos saiu o arremesso lateral e de seus pés o cruzamento, após bola devolvida por Rafael, na jogada em que Luizinho marcou, de cabeça, o gol corintiano no empate por 1 a 1 diante do Palmeiras, que acabou valendo o título. Curiosamente, foi também naquele inesquecível campeonato do IV Centenário que Cláudio perdeu o mais lembrado dos pouquíssimos pênaltis desperdiçados por ele em sua longa carreira, aos 42 minutos do segundo tempo de um jogo com o Juventus, pelo primeiro turno, que terminaria empatado em 1 a 1. O já veterano Oberdan Cattani, que no final da carreira emprestou seus serviços ao Juventus, defendeu a cobrança, dando, assim, a liderança provisória do campeonato, àquela altura, para o Palmeiras, time em que anteriormente o velho goleiro havia se consagrado e virado lenda.

Após a apoteose do IV Centenário, as glórias começaram a escassear. Cláudio, é certo, ainda alcançou algumas, como a Taça Charles Miller, com o famoso gol de *curbita* sobre o Benfica, e a Taça dos Invictos, outro velho sonho corintiano, alcançado duas vezes seguidas, em 1956 e depois, em definitivo, em 1957. A cobiçada taça, que era oferecida pelo jornal *A Gazeta Esportiva*, fica no Parque São Jorge para sempre, graças à marca de 35 partidas sem derrota. O Torneio de Classificação do Campeonato Paulista de 1957 foi o último título de Cláudio, já aos 35 anos.

Disciplinado, correto, cumpridor de seus deveres, um homem na acepção da palavra, dentro e fora de campo. Ídolo não só da torcida corintiana mas também da paulista e da brasileira. Assim Cláudio foi visto pela imprensa e pelo público durante todo o tempo em que atuou: "Em sua longa carreira, sempre evidenciou probidade e lealdade. O avante corintiano é a honradez personificada. Sempre suportou a brutalidade alheia, numa demonstração inequívoca de caráter elevado e de educação superior".

Cláudio era, antes de tudo, um exemplo para a juventude. Como justa homenagem, uma legião de corintianos nascidos na década de 1950 foi batizada com seu nome. Quando Cláudio morreu, o jornalista Juca Kfouri, em sua coluna do diário *Lance!* de 3 de maio de 2000, soube como ninguém sintetizar sua importância no texto "Adeus, Cláudio":

"Cláudio, o Gerente, era ponta, mas dava o ritmo dos times em que atuava. Mesmo com a camisa 7, foi o maior artilheiro da história do Corinthians. Habilidoso e elegante, morreu corintiano, depois de fazer o nome de Baltazar, o Cabecinha de Ouro, tantas bolas centrou para o artilheiro marcar, e formou uma dupla inesquecível com Luizinho, o Pequeno Polegar. Foi o maior ídolo de minha infância – e meu pai convenceu-me a comer agrião dizendo que Cláudio só corria tanto em campo porque carregava a plantinha no bolso de trás do calção. Um dia, já jornalista, aproximei-me timidamente do ídolo no Morumbi, com o cuidado de quem teme perder o encanto. Fui recebido com tamanho carinho que contei a ele a história do agrião. Cláudio ficou com os olhos marejados e disse: 'Que bom que eu servi para alguma coisa'. Ah, se ele soubesse como foi muito mais que um grande campeão".

Mas por que "Gerente"? "Acho que é pela minha maneira de organizar as coisas", costumava responder. Espécie de técnico dentro de campo, sua ascendência sobre os companheiros era pública e notória. Tão conhecida que, quando as coisas iam mal, a própria torcida mandava-o conversar com os outros jogadores em campo. "Muitas vezes, eu me cansava mais de falar do que de correr", disse Cláudio mais de uma vez na vida, uma delas em depoimento ao jornalista Lourenço Diaféria para o livro *Coração Corinthiano.* Não gostava de concentração, por achar que "jogador responsável", como ele era, "não precisa ser vigiado".

Convocado para a Seleção Brasileira em seis oportunidades, Cláudio não conseguiu se firmar em nenhuma. A maior decepção de Cláudio em termos de seleção deu-se por causa de uma sofrida ausência na Copa do Mundo de 1950, disputada no Brasil. Apenas um ano antes, na vitoriosa campanha brasileira no Sul-Americano de 1949, também disputado no país, Cláudio havia sido o reserva imediato do fenomenal gaúcho Tesourinha. Perto de completar 28 anos, ele vinha mantendo a boa forma e, por isso, esperava-se que o técnico Flávio Costa, o mesmo que o havia chamado para o último Sul-Americano, lembrasse dele também para a Copa do Mundo. Flávio, porém, mudou completamente de ideia. Em um primeiro momento, optou por Tesourinha e Friaça, velho conhecido do treinador desde os tempos de Vasco que em 1949 havia se transferido para o São Paulo, onde foi campeão e artilheiro do Paulista, com 24 gols. Quando o titular Tesourinha se machucou, ficando de fora da Copa do Mundo, Flávio Costa continuou a preterir Cláudio, ao convocar Alfredo II, do Vasco, que nem ponta-direita era (jogava principalmente como médio). "Eu sonhava estourar na Copa de 50", confessaria Cláudio 33 anos depois, em uma reportagem da revista *Placar* publicada em julho de 1983. Mas, logo em seguida, como era de seu feitio, ele tratou de contemporizar: "Meu futebol não era tão ofensivo quanto o dos outros jogadores. Eu jogava armando, mais para a equipe, embora também driblasse bem".

A derrota por 3 a 1 para o São Paulo do também veterano Zizinho no jogo que decidiu o Campeonato Paulista de 1957, já no dia 29 de dezembro daquele ano, representou o fim de uma era tanto para o Corinthians quanto para Cláudio. Foi seu último jogo com a camisa alvinegra. Em 27 de fevereiro de 1958, data do primeiro jogo de campeonato do Corinthians naquela temporada (derrota de 3 a 2 para o Botafogo, pelo Rio-São Paulo, no Maracanã), Cláudio já havia trocado o campo pelo banco, no lugar de Oswaldo Brandão, que havia ido para o Palmeiras. Com o jovem Battaglia vestindo a camisa 7 no lugar de Cláudio, entre outras modificações que deram em nada, tinha início o pior período em que ficou longe de uma conquista importante. E Cláudio tornava-se o primeiro dos 25 homens substituídos em 31 oportunidades (alguns deles voltaram e caíram de novo) ao longo dos 22 anos, oito meses e uma semana que o Corinthians ficou sem ser campeão.

No dia 5 de junho de 1988, um domingo pela manhã, o senhor Cláudio Christóvam de Pinho voltou a pisar o gramado do Pacaembu vestindo a camisa corintiana. Às vésperas de completar 66 anos, ele participou de um jogo de exibição, porém histórico, entre um time de veteranos do próprio alvinegro e o Corinthian (chamado Corinthian-Casuals desde a fusão com o Casuals Football Club, em 1939), time inglês que havia inspirado a fundação do próprio Sport Club Corinthians Paulista, em 1910. Entre nomes como Zé Maria, Olavo, Wladimir, Carbone, Sócrates e Rivellino – todos, àquela altura, já aposentados ou às vésperas da aposentadoria –, Cláudio era o mais velho. Naqueles 15 minutos em que permaneceu em campo, a bola bateu forte em seu peito, desequilibrando-o. Mesmo caído no gramado, Cláudio tentou recuperá-la, esticando a perna o máximo que podia, enquanto ouvia os fortes aplausos da Fiel em agradecimento a seu esforço. Aplausos que se repetiram quando ele deixou aquele gramado pela última vez na vida, substituído por Bataglia, o mesmo jogador para quem havia passado a camisa 7 corintiana 30 anos antes. Vítima de complicações no coração, Cláudio Christóvam de Pinho morreu em Santos, aos 77 anos, no dia 1º de maio de 2000. Mas ainda vive nos corações corintianos e nos jardins do Parque São Jorge, onde está eternizado em forma de um busto, inaugurado no dia 7 de setembro de 1997, ao lado dos de Luizinho e Baltazar, seus companheiros para sempre.

LUIZINHO

Luiz Trochillo, o Luizinho, reinou como ídolo da torcida corintiana de 1948 a 1967. Seu palco preferido era o Pacaembu, onde jogou 268 de suas 603 partidas, marcando 86 de seus 175 gols no longo período de quase 20 anos em que esteve a serviço do clube.

Um eterno moleque com a bola nos pés. Essa sempre foi a imagem de Luizinho, desde que, ainda imberbe, do alto de seu 1,64 metro, pesando apenas 54 quilos, calçando chuteiras número 39 e enrolando o calção na cintura para não deixá-lo chegar aos joelhos, passou a encantar a Fiel nas preliminares do time principal, com seus dribles curtos e suas fintas espetaculares.

O apelido "Pequeno Polegar", dizem, surgiu em 1952, quando, durante uma excursão do Corinthians, encantados com sua arte, os suecos teriam sido os primeiros a fazer a analogia entre o "mignon avante alvinegro", como era chamado à época, e o personagem do conto de fadas de domínio público recontado pelo escritor francês Charles Perrault.

"Eu levantava a torcida", costumava se orgulhar, com seu inconfundível sotaque paulistano. "Quando a bola chegava aos meus pés, o Pacaembu inteiro fazia silêncio. Então, depois de um drible curto, uma finta seca, todos explodiam em um só grito: 'Êeeeeeee!'" Reza a lenda que, certa vez, para delírio da torcida corintiana, Luizinho teria chegado ao cúmulo da irreverência. Passou a bola no meio das pernas do palmeirense Luiz Villa – um enorme centromédio argentino que jamais apelava para a violência, apesar dos sucessivos dribles e bolas entre as pernas que levava do pequeno meia corintiano – e, a seguir, sentou-se em cima dela. Se isso realmente chegou a acontecer, fica difícil precisar o jogo, tantos foram os bailes de Luizinho em sua vítima preferida.

O próprio Luizinho jamais comprovou a história da sentada na bola, mas também nunca a desmentiu. Limitava-se a comentários irônicos ("Garoto novo não tem juízo") e a justificativas pouco convincentes ("nem me lembro, acho que eu escorreguei e caí sentado").

Luiz Trochillo nasceu no dia 7 de março de 1930, em uma modesta casa de número 499 da Rua Cachoeira, entre os bairros do Brás e do Belenzinho, e lá permaneceria até se casar. Foi também na zona leste paulistana que Luizinho passou toda a sua vida, o que facilitou ainda mais sua identificação com o clube. Naquela região, onde fica o maior reduto corintiano da cidade, ele começou a jogar, primeiro no Juvenil Cachoeira, time de sua rua, depois no Maria Zélia. Estudou no Grupo Escolar de Vila Maria Zélia até o quarto ano primário. Casou-se na Igreja Nossa Senhora da Penha, com Ruth de Macedo, no dia 29 de novembro de 1952, véspera de uma vitória corintiana por 3 a 0 sobre o Nacional em que não atuou. Constituiu família, primeiro em uma casa na Estrada do Carrão, 78, na Vila Carrão, e, a partir de 1959, na Rua Doutor Raul da Rocha Medeiros, no Tatuapé, a apenas 600 metros do Parque São Jorge. Morreu de insuficiência respiratória, aos 67 anos, à 1h30 da madrugada de um sábado, 17 de janeiro de 1998.

Em uma tentativa frustrada de esconder sua origem italiana, identificada demais com o rival Palmeiras, tentaram espanholizar seu sobrenome para Trujillo. Mas não precisava: Luizinho nascera em um lar corintiano. Aos 7 anos de idade, para desespero da mãe, dona Margarida Bastos Rica, já fugia de casa para ir ao Parque São Jorge, que não ficava longe, para ver seus ídolos, Servílio e Teleco, jogar. A família era tão corintiana que, certa vez, o pai de Luizinho, seu Gabriel Luiz Trochillo, que trabalhava em uma banca de peixes no Mercado Municipal, resolveu tomar satisfações com um dentista palmeirense. O homem cometera o pecado de "arrancar o dente do menino", desfalcando, assim, o Corinthians às vésperas de um jogo importante do campeonato de aspirantes, justamente contra o Palmeiras.

Depois de dar os primeiros chutes em uma bola aos 14 anos, no Juvenil Cachoeira, o pequeno Luiz começou a se destacar no infantil do Clube Atlético Recreativo Maria Zélia. Time histórico da várzea paulistana, ficava na Vila Maria Zélia, no Belenzinho. Foi a primeira vila operária do Brasil, construída em 1917 pelo industrial Jorge Street para abrigar os 2.100 trabalhadores da Companhia Nacional de Tecidos de Juta. O nome da vila foi uma homenagem à filha do próprio Street. Quando Dante Pietrobon, um dos mantenedores daquela equipe bem estruturada, que tinha até campo iluminado, foi convidado para trabalhar no infantil do Corinthians, levou junto alguns futuros ídolos do clube. Entre eles, estavam o goleiro Cabeção, o centromédio Roberto Belangero, o ponta-esquerda Colombo e o então meia-esquerda Luizinho, de apenas 13 anos.

Naquele 1943, Luizinho já era o titular do time do Corinthians campeão paulista infantil. Entre 1945 e 1946, jogou no juvenil e, de 1948 a 1949, nos aspirantes, que, na época, faziam os jogos preliminares do time principal. Foi ali que se tornou conhecido da torcida. Ela passou a chegar mais cedo ao estádio só para vê-lo brilhar ao lado de seu inseparável amigo Colombo, ponta com quem formava uma infernal ala esquerda desde os tempos do Maria Zélia. Empolgados com a conquista do bicampeonato paulista de aspirantes de 1948/49, os corintianos contavam os dias para ver Luizinho e Colombo promovidos ao time principal, que não ganhava o Paulistão desde 1941. José Colombo subiu antes, em 1948. Até 1952, participou de 98 jogos, nos quais marcou 32 gols, o mais importante deles na vitória por 2 a 1 sobre o esquadrão do Torino, base da seleção italiana, que excursionava ao Brasil, e no ano seguinte, 1949, morreria em um desastre aéreo que causou comoção mundial. Já Luizinho faria bem mais do que o amigo: simplesmente marcaria seu nome na história do clube.

Nem o próprio Luizinho costumava se lembrar disso, mas sua primeira oportunidade entre os titulares havia surgido ainda no final de 1948. Foi no dia 28 de novembro daquele ano, em um amistoso contra o

Hepacaré, na cidade paulista de Lorena, vencido pelo Corinthians por 5 a 1, que ele, aos 18 anos, jogou seus primeiros minutos no time de cima, substituindo o titular Ruy em sua posição original, a meia-esquerda. Aquela foi, de fato, a primeira das 602 partidas (aumentadas para 603 em 1996, quando Luizinho, aos 65 anos, foi homenageado jogando alguns minutos diante do Coritiba, na estreia de Edmundo) que fizeram dele o jogador que mais vezes vestiu a camisa alvinegra. O recorde seria superado somente em 1983 pelo lateral-esquerdo Wladimir, que depois chegaria à marca de 805 jogos.

Toda vez que era perguntado sobre seu maior título, Luizinho não titubeava ao responder, orgulhoso: "Aquele que vale por cem anos, campeão do IV Centenário". Foi mesmo uma conquista épica a daquele Campeonato Paulista, o do ano em que São Paulo completava 400 anos de sua fundação, decidido já no início de 1955, no dia 6 de fevereiro. Naquela tarde ensolarada de domingo, no Pacaembu, bastava um empate ao Corinthians diante do rival Palmeiras, que, estranhamente, entrou em campo vestindo camisas azuis (dizem que por sugestão de um pai de santo). "A gente olhou aquilo e ficou se perguntando: mas que merda é essa?", divertia-se Luizinho, fazendo troça da superstição do rival. Coube justamente a ele, o artilheiro do time – com 14 dos 55 gols marcados e um dos quatro únicos jogadores a participar de todas as 26 partidas da campanha (ao lado do zagueiro Homero, do centromédio Roberto e de Cláudio, seu inseparável companheiro) –, marcar, de cabeça, o gol que valeria o título. Aquele que durante 22 anos seria o último grito de gol de um Corinthians campeão aconteceu logo aos dez minutos do primeiro tempo.

A decadência em que o Corinthians começou a entrar, coincidindo com a ascensão do Santos de Pelé, pouco a pouco foi mexendo com a cabeça de seu melhor jogador, já um atleta maduro de 25 anos. Durante a transmissão de um Corinthians × Santos pelo Rio-São Paulo diretamente do Pacaembu, na tarde de feriado de uma quinta-feira, 21 de abril de 1955, Luizinho tornou-se o responsável pelo primeiro palavrão ao vivo da história da televisão brasileira. "Foi tudo culpa daquele gaveteiro filho da puta", disse ao microfone do repórter Sílvio Luiz, da TV Record, referindo-se ao árbitro Antônio Musitano, que acabara de expulsá-lo de campo. No dia seguinte, o palavrão de Luizinho era tema de debate na Câmara Municipal de São Paulo, que chegou a discutir um projeto de lei para proibir, em nome da moral e dos bons costumes, o trabalho dos repórteres de campo.

Fora de campo, Luizinho continuou se envolvendo em confusões. Como no caso da famosa tijolada desferida no centroavante Gino, do São Paulo, em 1957. No jogo do primeiro turno entre os dois times, que terminou empatado em 1 a 1, o zagueiro Alfredo Ramos, que agora defendia o Corinthians depois de sete anos no São Paulo, quebrara a perna em um lance casual com seu ex-companheiro Maurinho. Tudo estaria bem se Luizinho e o são-paulino Gino – diante dele, um gigante de 1,81 metro de altura – não tivessem passado o resto do jogo trocando farpas. Gino chegou a apelar para insultos e piadinhas maldosas que envolviam a família do corintiano. Dias depois, quando os jogadores dos dois times se encontraram casualmente, ao visitar o convalescente Alfredo no mesmo dia e horário, Luizinho não fez por menos: vingou-se de Gino arremessando-lhe uma certeira tijolada na testa. Houve até inquérito policial e na Justiça Criminal, em um processo no qual Luizinho foi réu, e Gino, vítima.

Em 1960, Luizinho ganha um forte concorrente na condição de melhor jogador de seu time: Almir Albuquerque, o Pernambuquinho. Considerado o "Pelé Branco" de que o Corinthians tanto precisava, ele havia sido contratado do Vasco pelo presidente Vicente Matheus, de seu próprio bolso, pela quantia recorde de 6,5 milhões de cruzeiros. À época, muito se comentou que a pífia passagem de Almir pelo Parque São Jorge, onde permaneceu por apenas nove meses, teria a ver com um possível boicote do enciumado Luizinho, na base do "você ganha o dobro, tem que correr o dobro". Almir, no entanto, em seu livro *Eu e o Futebol*, publicado pouco antes de sua morte, em 1973, preferiu voltar suas baterias contra o goleiro Gilmar e absolver o Pequeno Polegar, a quem definiu como "um artista que jogava pensando na plateia, pois sabia que a torcida o adorava e queria vê-lo a inventar coisas, fazer graça. Às vezes, ele repetia um drible sem necessidade, só para divertir a torcida".

Para o corintiano, sempre foi inaceitável ver seu ídolo longe da Seleção Brasileira, que Luizinho defendeu em apenas 11 oportunidades, entre 1955 e 1957. Em 1956, o Pequeno Polegar viveria seus fugazes melhores momentos com a camisa amarela. Em fevereiro, participando do Sul-Americano Extra, disputado em Montevidéu, ele marca o gol da vitória por 1 a 0 sobre a Argentina, que quebrou um tabu de dez anos sem vitórias do Brasil sobre seu tradicional rival. No dia seguinte, referindo-se ao craque corintiano, o jornal argentino *El Clarín* lamentava: "*El tiquitito número ocho nos destrozó...*". Seis meses depois, em agosto, Luizinho entrava jogando ao lado de Zizinho, no lugar de Didi, em um amistoso do Brasil contra a antiga Tchecoslováquia, no Pacaembu. Naquela noite, ele só não fez chover: na primeira bola que recebeu, levantou a torcida – majoritariamente corintiana, ela estava lá só para vê-lo com a camisa amarela – aplicando seguidos dribles na defesa adversária. Aos 17 minutos, sofreu a falta de Masopust, que Zizinho cobrou para fazer 1 a 0 para o Brasil. Até o final daquela goleada por 4 a 1, Luizinho ainda arranjaria tempo para executar uma sensacional tabelinha de cabeça com Zizinho por cima dos beques grandalhões. Luizinho seria lembrado para defender o Brasil em mais uma convocação: para os dois jogos contra a Argentina, pela Copa Roca de 1957, em que Pelé estreou na Seleção. E seria esquecido em outra, a mais importante de todas. Apesar de bem cotado, o Pequeno Polegar acabou ficando de fora da lista dos 22 convocados que em 1958 foram à Suécia conquistar nossa primeira Copa do Mundo. No lugar que seria dele, embarcou o apenas regular Moacir, do Flamengo. Por isso, na noite de 21 de maio de 1958, uma quarta-feira, quando, em seu último treino no país antes do embarque para jogar a Copa, o Brasil goleou o Corinthians por 5 a 0, milhares de corintianos compareceram ao Pacaembu. Só para vaiar a Seleção.

Com a substituição de Vicente Matheus por Wadih Helu na presidência corintiana, chegaram a oferecer ao Pequeno Polegar menos do que ele ganhava para que renovasse seu contrato. Diziam que, como jogador decadente que era, ele não poderia ter o mesmo salário de nomes como o próprio Almir, por exemplo. Falou-se que seu passe interessaria ao Palmeiras, mas Luizinho acabou indo mesmo para o Juventus, onde disputou com dignidade os Campeonatos Paulistas de 1961, 1962 e 1963. Voltaria uma vez mais ao Parque São Jorge, em agosto de 1964. A vontade de ajudar o Corinthians na perseguição ao título que ambos não alcançavam havia dez anos era tanta que Luizinho assinou seu novo contrato em branco. No Campeonato Paulista de 1964, o time, que, além dele, contava com bons valores, como o volante Amaro e os atacantes Silva e Flávio, manteve as chances de conquista até a penúltima rodada, quando foi inapelavelmente derrotado por 7 a 4 pelo Santos de Pelé. Em seguida, Luizinho tornou-se um jogador cada vez menos presente e cada vez mais assediado pelos muitos técnicos que entravam e saíam do Corinthians pedindo que passasse a auxiliá-los fora de campo com sua experiência. Em 1966, atuou em apenas cinco jogos, todos amistosos. Em 1967, aos 37 anos, de somente mais dois, até se despedir sem que ninguém percebesse.

Em maio de 1968, já estava de volta ao futebol – e ao Corinthians –, como técnico das categorias infantil e juvenil. José Castelli, o velho Rato, o mesmo que ajudou a descobri-lo, agora era o supervisor, e Luizinho passava a cuidar dos treinos. Em 1972, 1974 e 1975, como já acontecera antes com Cláudio e Baltazar, seus companheiros na Santíssima Trindade Corintiana, Luizinho chegou a assumir interinamente o cargo de técnico da equipe principal corintiana, mas nunca o cobiçou. "Sei como são as coisas aqui. Ganha, ganha. Se perde uma, é logo mandado embora, sem perdão", justificava, sabiamente. No dia 11 de julho de 1994, por sugestão do jornalista Romano Netto, da *Gazeta do Tatuapé*, Luizinho virou estátua nos jardins do Parque São Jorge. Tornou-se o segundo jogador da história corintiana a ganhar tal honraria, ao lado do lendário Neco, que está lá desde 1929. E chorou.

Sua última aparição pública deu-se em uma quinta-feira, 25 de janeiro de 1996. Era o feriado de aniversário da cidade, e, no Pacaembu, o Corinthians promovia a estreia de Edmundo, o "Animal", em um amistoso contra o Coritiba. Em uma tocante homenagem, Luizinho começou jogando os primeiros minutos, para logo depois passar a camisa 8 ao craque recém-contratado. Naquela noite, Luizinho estabeleceu a última de suas muitas marcas históricas. Aos 65 anos e dez meses, quase três décadas após sua despedida, tornou-se o jogador mais velho a defender o Corinthians em uma partida oficial.

BIRO-BIRO

Quando chegou a São Paulo, em setembro de 1978, ele tinha apenas 19 anos. Vinha do Sport Recife para jogar no Corinthians, primeiro por empréstimo, depois em definitivo. E naquela época ainda era chamado de "Toinho", ou, ainda, "Toinho Biro-Biro".

O Toinho vinha de seu próprio nome, Antônio José da Silva Filho. O Biro-Biro, que tanta estranheza causava aos ouvidos dos paulistas, ele herdou do pai, seu Antônio José, que também jogou futebol com esse apelido e adorava comer um doce chamado biri-biri.

Biro-Biro, nascido em Pernambuco, no dia 18 de maio de 1959, começou a jogar nas praias de Olinda. Nas poucas chances que teve no Sport, jogou como ponta-esquerda. Mas deu sorte: logo de cara, marcou contra o Santa Cruz o gol que deu ao seu time o título do primeiro turno pernambucano de 1977 (depois, o Sport seria o campeão estadual daquele ano), aos 14 minutos de uma segunda prorrogação de 30, que, por causa de um regulamento maluco, parecia destinada a não acabar nunca.

Em São Paulo, por aqueles dias, a torcida do Corinthians esperava um reforço do nível dos volantes Falcão ou Batista, ambos do Inter e da Seleção Brasileira. Acabou apresentada a Biro-Biro. Magrinho (pesava apenas 58 quilos, distribuídos em 1,68 metro de altura), tímido, cabelos avermelhados enroladinhos, grandes olhos verdes destacando-se no rosto queimado. Tão anônimo que, diz a lenda (confirmada pelo próprio Biro-Biro), ao fazer sua apresentação, o então presidente Vicente Matheus trocou as bolas, chamando-o de "Lero-Lero".

Mas, em campo, Biro-Biro logo deixou de ser um jogador meramente folclórico para mostrar a que veio, carregando o piano para que a dupla Sócrates-Palhinha pudesse tocá-lo. Tanto que, nas eleições legislativas de 1978, como forma de protesto ou por brincadeira, o fato é que, extraoficialmente, 60 mil pessoas chegaram a votar nele para deputado estadual, sem que sequer fosse candidato.

Durante dez anos, foi assim: Biro-Biro na direita, Biro-Biro na esquerda, Biro-Biro atacando, Biro-Biro defendendo. Como um jogador de várzea, ele ia aonde a bola estava. Chutava, cabeceava, dava carrinho. Fazia e evitava gols. E a torcida adorava. Exceto a número 1, do goleiro, não houve camisa que Biro-Biro não vestisse enquanto defendeu o Corinthians. Chegou como meia, virou volante, jogou na ponta-direita e na ponta-esquerda e acabou entrando para a história como curinga. E tornou-se mais um símbolo da sempre evocada raça corintiana.

Biro-Biro esteve em todos os momentos e conquistas importantes da história corintiana no período entre 1978 e 1988. No Paulistão de 1979, despachou o Palmeiras nas semifinais com um inesquecível gol de canela que classificou o Corinthians para disputar e ganhar mais aquele título contra a Ponte Preta. Ali, sagrou-se um ídolo corintiano – de vez e para sempre. Em contrapartida, conta-se que, por causa daquele gol, o palmeirense Telê Santana, na época o técnico da Seleção Brasileira, jamais o perdoou, a ponto de não convocá-lo – nem mesmo quando atravessava sua melhor fase.

Formando um meio-campo inesquecível com Sócrates e Zenon, Biro-Biro sagrou-se bicampeão paulista em 1982 e 1983. E ainda virou nome de arroz na Churrascaria Rodeio.

Eram os tempos da Democracia Corintiana, com a qual, na condição de marido de Luciana, uma sobrinha de Vicente Matheus, nunca concordou muito. Mas isso jamais o impediu de, em campo, se entender muito bem com Sócrates, Casagrande e companhia. Na decisão do Paulista de 1982, por exemplo, Biro-Biro marcou duas vezes nos 3 a 1 sobre o São Paulo. Casagrande encarregou-se de fechar a fatura.

Com o fim da Democracia e a saída de Sócrates para a Fiorentina, da Itália, Biro acabou assumindo por um bom tempo a condição de ídolo solitário da Fiel. Em 1986, com Rubens Minelli como técnico, virou capitão e fixou-se como volante. No ano seguinte, foi peça fundamental na reação que levou o Corinthians do penúltimo lugar que ocupava no final do primeiro turno ao vice-campeonato paulista.

Entre os jogadores que mais vezes atuaram pelo Corinthians em quase cem anos de história, Biro-Biro é o quinto, com seus 589 jogos, atrás apenas de Wladimir (805 partidas), Luizinho (604), o goleiro Ronaldo (602) e Zé Maria (599). Entre os principais artilheiros, também não faz feio, até porque fazer gols nunca foi sua obrigação: é o 27º, com 75 marcados. Antes de ir embora do Parque São Jorge, Biro-Biro foi mais uma vez campeão paulista, em 1988. Candidatou-se – dessa vez para valer – a vereador em São Paulo e elegeu-se pelo PDS com mais de 60 mil votos. Logo depois, trocou o Corinthians pela Portuguesa. Passou ainda pelo Coritiba, pelo Guarani, pelo Paulista de Jundiaí e pelo Botafogo de Ribeirão Preto. Foi campeão paraense pelo Remo, em 1993. Encerrou a carreira no Nacional, da capital paulista, e ainda foi técnico do Grêmio Mauaense. Mas estará para sempre dentro dos corações corintianos.

Antonio José da Silva Filho, o Biro-Biro. Com ele, não tinha lero-lero.

OS ESCALADOS, OS JOGOS E OS MINIBIOGRAFADOS

CORINTHIANS
×
SÃO PAULO

OS TIMES

CORINTHIANS

Em campo:
Gilmar, Zé Maria, Gamarra, Roberto Belangero, Wladimir, Dino Sani, Rivellino, Neto, Marcelinho Carioca, Casagrande, Sócrates.

No banco:
Ronaldo, Carlito Tevez, Fred Rincón.

SÃO PAULO

Em campo:
Poy, De Sordi, Mauro, Sarará, Vitor, Riberto, Maurinho, Amaury, Gino, Zizinho, Canhoteiro.

No banco:
Rogério Ceni, Raí, Roberto Dias.

RICARDO KOTSCHO ESCALOU O SÃO PAULO

O São Paulo de todos os tempos foi escalado pelo jornalista Ricardo Kotscho.

Ganhador do Prêmio Esso diversas vezes, considerado um dos maiores jornalistas brasileiros de todos os tempos, o são-paulino fanático Ricardo Kotscho foi o homem de imprensa do presidente corintiano Luiz Inácio Lula da Silva durante cinco anos.

Escalou o seu São Paulo de todos os tempos com os 11 titulares que ganharam o Campeonato Paulista de 1957 em cima do Corinthians por 3 a 1, num jogo conhecido até hoje como a "tarde das garrafadas". E colocou no banco três outros ídolos são-paulinos de diferentes épocas.

Ricardo Kotscho confessa que optou pelos 11 titulares de 1957 por razões sentimentais: "Eu tinha 9 anos, e foi a única vez que vi meu time ser campeão junto com meu pai, que morreria pouco tempo depois".

O JOGO

O Majestoso Corinthians de todos os tempos contra o São Paulo de todos os tempos merecia um estádio melhor, mas, por generosidade da diretoria corintiana, que sabia da difícil situação financeira do tricolor e o quanto era importante para eles ganharem um dinheirinho extra com o aluguel do estádio, acabou mesmo sendo realizado no Morumbi, apesar das dimensões tímidas do gramado, do péssimo estado de conservação das numeradas e arquibancadas e do fato de o Corinthians ser o mandante do jogo. Esclareça-se que o Corinthians é sempre o mandante do jogo, seja qual for o jogo.

A semana que antecedeu a partida foi tensa e carregada de boatos, particularmente sobre a arbitragem, já que o juiz sorteado, Armando Marques, era tido como são-paulino, apesar de muitos afirmarem que, na verdade, ele não era são-paulino coisa nenhuma. Tinha apenas o jeitão.

Mais do que a arbitragem, as duas grandes expectativas da partida eram o duelo Zé Maria versus Canhoteiro e a presença ou não de Raí na equipe são-paulina.

O duelo Zé Maria versus Canhoteiro promovia, finalmente, o tão esperado encontro do lateral-direito tido como o melhor marcador de todos os tempos com o ponta-esquerda considerado o mais hábil driblador: o Garrincha do lado *gauche*. Basicamente, uma simples questão futebolística que até mesmo a mais loira das marias-chuteiras podia compreender.

Já a presença ou não de Raí envolvia aspectos psicanalíticos, incluindo a constatação de alguns complexos de inferioridade que o craque são-paulino enfrentava desde a sua infância. Em virtude desses complexos, Raí, mesmo nos seus melhores momentos, jamais conseguiu fazer grandes partidas contra o Corinthians. A questão, infelizmente comum até mesmo nas melhores famílias, envolvia um sentimento torpe: a inveja.

Raí é o irmão mais novo de Sócrates, ídolo corintiano, que tivera a felicidade de nascer mais bonito fisicamente e mais dotado tecnicamente para a prática do futebol, o que sempre lhe garantiu de um lado um maior sucesso com as mulheres e de outro um êxito maior na profissão.

O atleta Sócrates, capitão da vitoriosa Seleção Brasileira de 1982, era simplesmente venerado por torcedores e jornalistas esportivos do mundo inteiro e admirado por seus colegas pela sua técnica refinada e a preparação física invejável.

Raí sabia que a questão da beleza era irreversível, um problema que nem uma comitiva de Ivos Pitanguis conseguiria resolver. Com o passar do tempo, fingiu até que sublimara o fato. Mas, em relação ao futebol, não se conformou e resolveu lutar.

Observando que o irmão mais velho tinha desenvolvido uma jogada própria, de enorme sucesso – o magistral toque de calcanhar do doutor Sócrates –, Raí imaginou que poderia fazer algo similar usando uma outra parte do corpo também não utilizada habitualmente pelos outros jogadores: a barriga.

Começou a treinar exaustivamente o seu toque de barriga e chegou até mesmo a fazer um gol desse jeito numa partida realizada numa ilha distante, contra uma equipe de menor expressão, representante de um desses países que vivem lutando por sua independência e oficialização do idioma. Esse gol, ilusoriamente uma vitória pessoal, acabou se transformando num enorme problema profissional.

Raí ficou obcecado por gols de barriga, abandonou os outros fundamentos do seu futebol, que eram até bastante razoáveis, e acabou amargando uma reserva.

Diziam que, com a ajuda da psicanalista Regina Brandão, estava se preparando para voltar. Mas voltar logo contra o Corinthians era coisa que até mesmo um são-paulino doente como o Marco Aurélio Cunha considerava coisa de maluco.

O domingo do Majestoso amanheceu com nuvens cinzas, que foram se transformando em nuvens negras. Uma hora antes do jogo, um gigantesco temporal inundou o Morumbi, mas, de repente, a chuva parou, o sol apareceu e um enorme arco-íris se formou no céu. Os corintianos vibraram com a presença do sol a tempo de secar o gramado, favorecendo, assim, a equipe alvinegra, mais hábil tecnicamente. Já os são-paulinos viram naquele arco-íris um bom presságio.

A partida começou com o São Paulo dando o primeiro toque na bola. Gino tocou para Zizinho, que atrasou para Riberto, que esticou para Canhoteiro. Canhoteiro tentou o drible, mas foi desarmado por Zé Maria com relativa facilidade, fato que veio a se repetir diversas vezes durante o jogo.

Já do lado corintiano, a equipe, bastante leve sem a presença de Ronaldo, praticava um futebol envolvente. Sócrates, Rivellino e Neto faziam triangulações, e, vez por outra, Zé Maria abandonava Canhoteiro e surgia pela direita como um verdadeiro ala, centrando com perigo para Casagrande fuzilar para o gol.

Naquele primeiro tempo, Poy foi obrigado a fazer algumas boas defesas e chegou até mesmo a operar um milagre, mas o tempo passava, e o gol não saía. Alguns bate-bocas também aconteceram, por exemplo quando Neto disparou um tirambaço por cima do gol de Poy que bateu no alambrado. Imediatamente, Gino Orlando berrou com ele: "Toma mais cuidado, que quem manda nesta porra aqui sou eu". Neto não entendeu nada, e o jogo seguiu.

Finalmente, aos 42 minutos do primeiro tempo, o gol que materializava a superioridade corintiana aconteceu. Zé Maria desarma Canhoteiro novamente e dá um toque rápido para Dino Sani; Dino estica para Rivellino na ponta-esquerda; Riva aplica um elástico em De Sordi, invade a área e toca para trás e para o meio, na direção de Casagrande e Sócrates. Casagrande vem de frente e embalado, Sócrates está praticamente de costas e parado, mas é Sócrates que, mesmo marcado por Mauro, toca de calcanhar no cantinho direito de Poy fazendo 1 a 0. A corintianada em todo o Brasil explode de alegria; Raí, no banco do São Paulo, se encolhe de tristeza.

Logo após o gol, Armando Marques estica o braço, levanta a munheca, assopra o apito e dá por encerrado o primeiro tempo.

O segundo tempo começa com o Corinthians com a mesma equipe, e o São Paulo com duas modificações: Roberto Dias entra no lugar de Riberto com a função de reforçar a marcação, e Raí entra a pedido dele próprio no lugar de Amaury.

Nos primeiros 15 minutos, as modificações são-paulinas parecem surtir efeito. Zizinho se apresenta mais, Raí tabela com Gino, Roberto Dias ensaia chutes de fora da área e Canhoteiro é lançado diversas vezes.

Zé Maria, atento, sempre neutraliza Canhoteiro, tanto que o São Paulo resolve mudar de lado e começa a acionar Maurinho. O tempo vai passando, o São Paulo cresce, mas o gol não aparece.

Enquanto isso, Casagrande, que sempre adorou fazer gols no São Paulo, encasqueta que precisa fazer mais um gol Rita Lee. Troca ideias e gesticula quase na lateral do campo com Dino e Zé Maria. Aos 39 do segundo tempo, o gol acontece.

Zé Maria, despreocupado com Canhoteiro – que, durante toda a partida, não acertou um único drible –, é lançado em profundidade por Dino Sani. Novamente como autêntico ala, Zé Maria alcança a bola pertinho da linha de fundo e centra para Casagrande, que entra de carrinho e faz o segundo gol Ria Lee de sua história.

Osmar Santos, nas cabines da Rádio Globo, mais uma vez narra – e descreve o gol com emoção por mais de cinco minutos, colocando, inclusive, um remix da canção "Lança Perfume" para tocar ao fundo dos seus comentários.

Enquanto isso, é dada a nova saída, e o São Paulo parte desesperado para o ataque.

Já o Corinthians, quando recupera a posse de bola, toca com calma, e a torcida ensaia um olé. Aos 44 minutos, Carlito Tevez, que havia entrado no lugar de Neto, exagera ao prender a bola na frente do touro De Sordi, que toma a bola decidido e estica rápido para Maurinho. Veloz, Maurinho ganha na corrida de Wladimir, enxerga Raí na pequena área e centra a meia altura, na medida para um sem-pulo à queima-roupa.

Raí, em vez de tentar o sem-pulo, opta por tocar de barriga, e Gilmar agarra como se fosse uma bola atrasada. Raí fica prostrado no chão. Gilmar repõe a bola em jogo e, logo depois, Armando Marques apita o final da partida. Os são-paulinos correm para o vestiário; Armando Marques corre atrás.

No gramado, ficam apenas dois jogadores do São Paulo: Canhoteiro, que, visivelmente deslumbrado, troca a camisa com Zé Maria, enquanto este recebe o Motorádio como o melhor em campo, e Raí, ainda prostrado na pequena área.

Enquanto isso, a equipe corintiana permanece inteira no gramado comemorando com a torcida, junto ao alambrado. De repente, Sócrates se afasta do grupo de corintianos. Vai até a pequena área, dá a mão a Raí para que ele se levante e afaga a sua cabeça com ternura e carinho.

NOTAS DE RODA-OS-PÉS

• O apelido clássico "Majestoso", para Corinthians × São Paulo, foi dado pelo jornalista Tomaz Mazzoni, de *A Gazeta Esportiva*, em 1942.

• O Morumbi tem um dos maiores gramados do Brasil: 110 por 75 metros, igual ao Maracanã. Suas numeradas e arquibancadas são restauradas de tempos em tempos e hoje abrigam também camarotes e uma espécie de shopping.

• Armando Marques, na verdade, nunca assumiu o seu time, mas, numa partida entre o Corinthians e o São Paulo realizada em 1966, prejudicou o São Paulo. Validou um gol de falta de Roberto Rivellino, quando, na verdade, o petardo do Riva tinha entrado pelo lado de fora da rede.

• Raí fez grandes partidas contra o Corinthians entre 1985 e 2000. A melhor delas foi na final do Paulista de 1991, quando fez três gols. Raí fez apenas uma má partida contra o Corinthians. Na semifinal do Brasileirão de 1999, quando Dida pegou dois pênaltis batidos por ele.

• Sócrates nunca se notabilizou por sua preparação física, mas, graças ao seu enorme talento e caráter, foi capitão da Seleção Brasileira de 1982, que, apesar de não ter ganhado o Mundial, entrou para a história como um dos melhores times de futebol de todos os tempos.

• O famoso gol de barriga de Raí aconteceu na partida São Paulo × Barcelona, realizada em Tóquio, no dia 13 de dezembro de 1992, na final da Copa Toyota. O gol deu o título da competição para o São Paulo.

• A psicóloga Regina Brandão é a preferida do técnico Luiz Felipe Scolari e trabalhou com ele na preparação da Seleção Brasileira que venceu o Mundial de 2002.

• Gino Orlando realmente mandou no estádio do Morumbi. Depois de encerrar sua carreira de artilheiro, foi o administrador do estádio de 1969 a 2003.

• Casagrande fez um único gol Rita Lee. O terceiro da partida do Corinthians contra o São Paulo, que deu o campconato paulista ao time da Democracia Corinthiana em 1982. Esse gol, narrado por Osmar Santos, é considerado um dos mais empolgantes momentos do rádio esportivo brasileiro em todos os tempos.

• Canhoteiro e Zé Maria, na verdade, se enfrentaram duas únicas vezes: na primeira, Zé Maria era um garoto de 16 anos da Ferroviária de Botucatu, e Canhoteiro, um veterano em fim de carreira do Nacional Atlético Clube. Na primeira partida, realizada em São Paulo, o Nacional venceu por 5 a 1, e Zé Maria, segundo ele próprio, tomou um verdadeiro vareio de Canhoteiro. Na segunda partida, realizada em Botucatu, Zé Maria ficou mais esperto e Canhoteiro não conseguiu acabar com o jogo, que terminou em empate de 1 a 1.

• O Motorádio, um rádio para automóveis, foi durante muitos anos patrocinador das transmissões esportivas de várias emissoras de rádio e TV brasileiras. Ao final de cada partida, o jogador escolhido como melhor em campo ganhava um Motorádio de presente.

ZÉ MARIA

Muitos jogadores suaram a camisa corintiana. Zé Maria sangrou por ela. No primeiro dos três jogos da decisão do Campeonato Paulista de 1979, disputado em fevereiro de 1980, contra a Ponte Preta, o Corinthians venceria por 1 a 0 e ganharia aquele título depois de mais dois jogos. Mas, para o Super-Zé, todo jogo era como se fosse o último, sempre.

Sob a chuva fina que teimava em castigar o Morumbi, a Fiel, em silêncio, observava Zé Maria ser atendido embaixo de uma das traves, com um corte profundo no supercílio. Mas as bandagens teimavam em não se fixar, por causa do suor excessivo que lhe escorria pelo rosto, e a certa altura o médico do clube, Léo Vilarinho, teve de lhe dizer, baixinho: "Zé, o curativo não vai grudar". Imediatamente, o jogador respondeu: "Então, eu volto assim mesmo, doutor". Quando retornou ao gramado, com a camisa toda empapada de sangue – algo ainda permitido pelas leis do jogo naquele tempo –, os 96.441 presentes resolveram aplaudi-lo de pé. Logo depois, Zé acabaria sucumbindo à dor e à tontura, que o impediram de continuar jogando. A principal missão, porém, de insuflar o ânimo da equipe naquele momento de decisão, já havia sido cumprida. Ao ser substituído, Zé Maria foi novamente e ainda mais aplaudido.

Nenhuma outra cena exemplifica melhor o que foram os 13 anos de excelentes serviços prestados por Zé Maria à camisa alvinegra. No longo período de tempo entre 1970, quando chegou da Portuguesa, e 1983, quando resolveu encerrar a carreira, ele foi a personificação da própria raça corintiana.

Espírito de luta, condição física, poder de recuperação. Nada disso faltou, nunca, a Zé Maria nos 599 jogos que fazem dele o quarto colocado em número de participações com a camisa corintiana.

José Maria Rodrigues Alves nasceu em uma quarta-feira, 18 de maio de 1949. Seus pais, Durvalino e Maura, eram colonos da Fazenda Lageado, em Botucatu, cidade a 230 quilômetros de São Paulo. Foi lá que Zé passou toda a infância, ajudando a família a carpir, tirar leite das vacas, cozinhar e, principalmente, vender os balaios com mudas de café que eles mesmos produziam. Começou a jogar futebol também em Botucatu, no infantil da Ferroviária local, sempre na lateral-direita, posição em que já jogava quando foi descoberto pelo técnico Édson Quadros. O ano era 1964, mas a bola esteve desde sempre no sangue da família. O pai, Durvalino, havia jogado com o nome de Tunga na própria Ferroviária botucatuense e na Inter de Limeira.

Indicado por um diretor da Portuguesa que representava a Ferroviária de Botucatu em São Paulo, Zé Maria chegou para fazer testes no Canindé em uma terça-feira, 17 de janeiro de 1967. Dois dias depois, Zé participava de seu primeiro treino. No dia 25, uma quarta-feira, à noite, já atuava pela primeira vez, em um amistoso em Sorocaba contra o São Bento. Tinha, então, apenas 17 anos, mas já começava a ser visto como uma reedição de Djalma Santos – negro, forte, lateral-direito e da Portuguesa.

No ano seguinte, seu primeiro como profissional, Zé Maria já era lembrado para defender a Seleção em um amistoso contra a Polônia, em Varsóvia. Vestiria a camisa amarela com a mesma dignidade em 66 jogos, durante dez anos. Na Copa de 1970, no México, Zé Maria sagrou-se tricampeão do mundo na condição de um resignado reserva do capitão Carlos Alberto Torres.

O futebol vigoroso, porém limpo, de Zé Maria sempre foi cobiçado por outros clubes, considerados maiores que a Portuguesa. Como o Vasco, que ele até chegou a defender, emprestado por um curtíssimo período de tempo, apenas para a disputa da Taça Guanabara de 1968. Aquela, porém, era a única concessão que a Lusa faria, por considerá-lo "patrimônio do clube". Zé Maria também chegou a ser procurado pelo Palmeiras, mas seu destino tinha de ser mesmo o Corinthians. "Um dia você ainda vai jogar lá", profetizou seu pai, Durvalino. Corintiano fanático, ele cuidava de todos os interesses financeiros do filho e teve papel fundamental na tumultuada transferência da Portuguesa para o Corinthians, naquele mesmo 1970 em que o Super-Zé havia sido campeão do mundo ainda como jogador da Lusa.

O contrato terminaria no dia 4 de março, mas o jogador, orientado pelo pai, não aceitava renová-lo. Quando seu contrato venceu, Zé Maria estava a serviço da Seleção e chegou até a ser ameaçado por dirigentes lusos de não mais jogar em lugar nenhum caso não aceitasse permanecer no Canindé. O advogado de Zé Maria, Gérsio Passadore, obrigou, então, a Portuguesa a fixar o preço de seu passe. Houve uma primeira pedida, de Cr$ 936.262,00, mas, quando ele foi campeão do mundo, o clube resolveu aumentá-la para Cr$ 1.724.578,00. A então Confederação Brasileira de Desportos (CBD) decidiu que o preço que valia era o primeiro, mas a Portuguesa não gostou. Segundo a Lei do Passe então em vigência, a partir dali haveria um decréscimo de 10% ao mês.

Terminado o prazo de carência estipulado pela lei, Zé Maria apareceu na Federação Paulista de Futebol para adquirir seu próprio passe. Obviamente, quem estava por trás de tudo, inclusive financiando a transação, era o Corinthians, time para o qual, logo a seguir, Zé Maria declarou haver repassado seu passe por 750 mil cruzeiros. A Portuguesa ainda recorreria, e a batalha judicial só teria fim quando ela aceitou receber mais 200 mil cruzeiros do Corinthians a título de indenização. A longa novela arrastou-se por oito meses, nos quais o jogador apenas treinava. Às 5 horas da tarde de uma sexta-feira, 6 de novembro de 1970, veio a notícia oficial: Zé Maria, finalmente, era do Corinthians. "Hoje é um dia feliz para mim. Estou vencendo uma briga difícil, comprando minha liberdade. Estou indo para o Corinthians, meu time desde menino", declarava, radiante, o Super-Zé. Ainda mais radiante, porém, estava seu pai, Durvalino.

Na manhã do dia seguinte, um sábado, Zé Maria já se apresentava para fazer os exames médicos. Quatro dias depois, em uma noite de quarta-feira, no estádio Olímpico, em Porto Alegre, estreava numa partida contra o Grêmio. Com o número 2 às costas, ele chegava para fazer companhia a uma defesa de respeito, formada por Ado, ele, Ditão, Luís Carlos e Pedrinho. Em 1973, em seu leito de morte, seu Durvalino fez o filho prometer que conquistaria um título pelo Corinthians. Zé Maria teria essa oportunidade pouco mais de um ano depois. Mas ainda não foi aquela a hora de realizar o último desejo do pai e a maior aspiração de milhões de outros corintianos como ele. Campeão pela última vez em 1954, sem a chance de brigar por uma taça em uma final desde 1957, o Corinthians, na qualidade de vencedor do primeiro turno, chegava à decisão do título paulista de 1974, exatas duas décadas depois de sua última conquista e contra o mesmo adversário, o Palmeiras. No primeiro jogo, no Pacaembu, um empate por 1 a 1. No segundo, no Morumbi, o gol solitário do palmeirense Ronaldo, marcado já no segundo tempo, acabou tirando a taça que todo corintiano mais queria.

No trajeto do estádio para a casa do zagueiro Brito, companheiro de Corinthians naquele 1974, Zé Maria não falou com ninguém. "Naqueles dias, eu nem saía na rua, de tão envergonhado", confessa. "Parece que aconteceu ontem, mas até agora não sei o que houve com a gente. Teria sido o excesso de responsabilidade? Olha, falam do Orelhinha *(Rivellino)*, mas eu também fui uma droga. Me abati e passei todo o ano de 1975 traumatizado. Queria abandonar o futebol, voltar para Botucatu, me esconder de todo mundo."

clássico contra o Palmeiras. Naquela tarde, em reconhecimento a tudo que representou para o Corinthians e para o próprio futebol, Zé Maria chegou a ser aplaudido até pelos palmeirenses. Terminado o jogo, enquanto os torcedores tentavam arrancar-lhe a camisa, Zé Maria lamentava: "Estão tirando um pedaço de mim". Nas arquibancadas, naquele mesmo instante, cada corintiano sentia exatamente a mesma coisa.

CANHOTEIRO

Dele falam-se maravilhas. Que foi um mágico com a bola nos pés, como denunciam seus apelidos ("Mago" e "Mandrake"). Que foi "o Garrincha da ponta-esquerda", como dizia muita gente, inclusive o megacraque Zizinho, com a autoridade de quem jogou ao lado de ambos. Que foi, enfim, dentro do *football association*, uma espécie de *one-man show*, e que talvez, justamente por isso, não tenha tido com a camisa amarela a mesma sorte que teve com a tricolor. Canhotos e Canhotinhos o futebol sempre teve – e ainda tem muitos. Mas Canhoteiro (apelido do qual jamais se soube a origem, além da óbvia associação com o lado do campo em que ele jogava), só depois que José Ribamar de Oliveira apareceu. Canhoteiro era maranhense de Coroatá, cidade a 260 quilômetros da capital, São Luís. Nasceu em 24 de setembro de 1932, ou melhor, bem depois disso. É que seu pai, o português Cecílio da Luz Oliveira, dono de um restaurante no Mercado Municipal de São Luís, registrou-o com quatro anos a mais. Não porque quisesse fazer do filho um avesso desses "gatos" tão comuns no futebol, que, ao contrário, diminuem a idade (pelo seu gosto, o menino seria médico e jamais teria chutado uma bola na vida). Mas simplesmente para que o menino pudesse receber mais cedo salário integral, na época destinado apenas aos maiores de idade.

Quando Canhoteiro era criança, o pai costumava amarrá-lo ao pé da mesa para que não fugisse para as peladas na Rua do Tabocal, em São Luís. Ali, começou a desenvolver sua incrível habilidade, fazendo bolas com os papéis que tinha à mão e passando horas a executar embaixadinhas com elas. Depois, nas praias, passou a ganhar dinheiro controlando todo tipo de objeto, de peões a tijolos, sempre com os pés, especialmente o esquerdo. Em uma dessas exibições, Canhoteiro foi observado por um senhor chamado Santiago, que o levou para seu primeiro time de verdade: o América de Fortaleza. Tinha, então, 17 anos — ou 14, pela idade cronológica.

Com suas pernas finas, cabeça grande e um sorriso de moleque, Canhoteiro pisou pela primeira vez no Canindé (hoje território da Portuguesa, mas na época sede do São Paulo) em uma terça-feira, 13 de abril de 1954.

Era o ano do festejado IV Centenário de São Paulo, cujo título de campeão no futebol seria devidamente faturado pelo Corinthians, campeão também em 1951 e 1952, que reinava absoluto como o grande time do Estado. Naquela época, a única taça que escapou ao alvinegro, a do Paulista de 1953, havia ficado justamente com o São Paulo, que agora reformulava sua equipe. E o hábil Canhoteiro era parte integrante dessa reformulação.

A fama de malabarista da bola logo se espalhou. Fora de campo, Canhoteiro costumava distribuir laranjas aos seus companheiros usando os pés, entregando-as direitinho nas mãos de um por um. No gramado, celebrizou-se principalmente pelo seu "drible do solavanco", em que dobrava a cintura para a direita ao mesmo tempo em que inclinava o corpo. De repente, mudava de direção com um movimento brusco, que o marcador não conseguia acompanhar. Além disso, Canhoteiro cansou de cruzar bolas para o grandalhão Gino, principalmente de cabeça, marcar boa parte dos 237 gols que fizeram dele o maior artilheiro da história do São Paulo até o aparecimento de Serginho Chulapa. Antes de cada jogo, Canhoteiro costumava propor aos zagueiros: "Bem, você já sabe: uma dividida para mim, outra para você". Djalma Santos, considerado um dos melhores laterais-direitos do mundo em todos os tempos, encarregado de marcá-lo por anos a fio (primeiro na Portuguesa, depois no Palmeiras), virou amigo pessoal e, depois, compadre de Canhoteiro. O ponta confessava-se constrangido de ser obrigado a driblar Djalma várias vezes seguidas, mas nem por isso deixou de criar um drible especialmente para ele. Num dia em que Djalma resolveu grudar em suas costas e acompanhá-lo assim até o centro do campo, Canhoteiro enfiou o pé embaixo da bola, jogou-a para trás e virou-se rapidamente, deixando o famoso marcador desorientado.

Os grandes duelos da vida de Canhoteiro, no entanto, aconteceram mesmo contra o corintiano Idário, símbolo da raça e da determinação corintianas, chamado de Sangue Azul pelos alvinegros e de Carniceiro pelas outras despeitadas torcidas.

Quando enfrentava Canhoteiro, no entanto, Idário costumava trocar sua característica truculência por uma marcação mais constante e pegajosa. O que acabou entrando para a história, no entanto, foi a vez em que o bravo Idário tentou um carrinho entre as linhas lateral e de fundo. Canhoteiro percebeu, prensou a bola entre os dois pés e saltou com ela presa, enquanto o corintiano passou lotado.

Apesar de toda a lenda em torno de seu nome, que o faz ser lembrado até hoje como um dos maiores jogadores do São Paulo em todos os tempos, os confrontos de Canhoteiro com o Corinthians foram equilibradíssimos. Em 30 partidas com ele em campo, aconteceram 11 vitórias do São Paulo, nove do Corinthians e dez empates. Em um Corinthians × São Paulo pelo Paulista de 1960, Canhoteiro sofreu grave lesão no joelho após uma entrada do corintiano Homero. Depois daquele lance, nunca mais foi o mesmo. O joelho teve de ser operado duas vezes pelo ortopedista João de

Vicenzo. Canhoteiro se despediria do São Paulo com derrota justamente para o Corinthians, por 3 a 0, no dia 4 de agosto de 1963.

Títulos com a camisa tricolor, Canhoteiro ganhou só um, o Paulista de 1957. Justamente contra o Corinthians, que havia liderado aquele campeonato, invicto de ponta a ponta. Na rodada final, disputada no antepenúltimo dia do ano, 29 de dezembro, no Pacaembu, enfrentavam-se Corinthians e São Paulo. Quem ganhasse seria campeão, quem perdesse nem vice seria. Ficaria em terceiro, pois o Santos, no sábado, havia feito 4 a 1 no Palmeiras e garantido pelo menos o vicecampeonato. Se corintianos e são-paulinos empatassem, haveria um supercampeonato envolvendo os dois mais o Santos. Já no segundo tempo, o São Paulo saiu na frente com um gol de Amaury. O próprio Canhoteiro ampliou. O Corinthians descontou com uma meia bicicleta de Rafael e passou a pressionar, mas, quando faltavam dez minutos, um chutão encontrou Maurinho livre para fazer São Paulo 3 a 1.

Pela Seleção Paulista, Canhoteiro foi uma vez campeão, pelo antigo Campeonato Brasileiro de Seleções Estaduais, em 1956.

Na Seleção Brasileira, disputava posição com Pepe e Zagallo. Vestiu a camisa amarela apenas 16 vezes, marcando um único gol, logo em sua estreia, em 1955, no Pacaembu, no empate por 3 a 3 contra o Paraguai, que deu ao Brasil a Taça Oswaldo Cruz.

Sua maior chance aconteceu às vésperas da Copa do Mundo de 1958, quando acabou sendo cortado. Após a goleada da Seleção por 5 a 0 sobre o Corinthians, no último jogo antes do embarque para a Suécia, Canhoteiro teria deixado a concentração do Hotel Danúbio, em São Paulo, e encontrado o companheiro Zezinho em uma boate chamada Oásis. Voltou 40 minutos atrasado, à meia-noite e quarenta. Dois dias depois, quando um jornal publicou uma foto dele na boate, nem a amizade e admiração do técnico Vicente Feola por ele, que vinha do longo período em que trabalharam juntos no São Paulo, foi suficiente para salvá-lo do corte. Dizem que deu graças a Deus, pois morria de medo de avião.

Fora de campo, Canhoteiro nunca teve mesmo maiores ambições. "Quero ganhar só o suficiente para comprar um táxi logo que não tiver mais condições de jogar bola", costumava dizer. "Ele era uma eterna criança, levava tudo na brincadeira", diz Zelinda da Costa Oliveira, a dona Zezé, com quem se casou ainda adolescente, no Maranhão. Seu negócio era tocar violão pelos bares e boates de São Paulo.

Havia até um funcionário do São Paulo, chamado Camarguinho, encarregado especialmente de levar o livro de ponto à casa dos jogadores, para, assim, dificultar as escapadas noturnas. Diz-se que depois que Canhoteiro, fingindo estar com raiva, disparou dois tiros para cima, Camarguinho nunca mais apareceu no sobrado da Rua Álvaro Rodrigues, no bairro paulistano do Brooklin, cuja entrada valeu como luvas de um contrato com o São Paulo, mas cujas prestações Canhoteiro teve de pagar até o fim. Aliás, foi já no fim da carreira, no Deportivo Nacional de Guadalajara, do México, que ele teve a oportunidade de assinar seu primeiro contrato, em branco, com direito a luvas em dinheiro. Por lá, também vivia nos bares, boates e restaurantes, em companhia de Neco e Amaury, ex-companheiros do São Paulo. No Toluca, jogou apenas seis meses. De volta o Brasil, encerrou a carreira jogando no Nacional e, depois, no Saad, de São Caetano do Sul.

Canhoteiro passou, então, a trabalhar como funcionário público na Cotesp (a antiga Companhia Telefônica do Estado de São Paulo), depois no Banespa, o banco do Estado, como contínuo. Era hipertenso, mas costumava comer feijoadas antes dos jogos de veteranos que fazia pelo Milionários. Certa manhã, ao sair para o trabalho, parou na casa de um vizinho a pretexto de uma visita. Lá, sofreu um derrame. Levado ao Hospital São Camilo, morreu pouco antes de completar 42 anos, em 16 de agosto de 1974. Deixou a vida para entrar na história, nos versos do samba *O Futebol*, de Chico Buarque de Hollanda, composto 15 anos depois de sua morte: "Para Mané / para Didi, para Mané, Mané para Didi, para Mané, para Didi / para Pagão, para Pelé e Canhoteiro".

CORINTHIANS
×
ATLÉTICO-MG

OS TIMES

CORINTHIANS
Em campo:
Gilmar, Zé Maria, Gamarra, Roberto Belangero, Wladimir, Dino Sani, Fred Rincón, Marcelinho Carioca, Casagrande, Sócrates, Rivellino.

No banco:
Neto, Ronaldo, Carlito Tevez.

ATLÉTICO-MG
Em campo:
João Leite, Nelinho, Luizinho, Wantuir, Cincunegui, Gilberto Silva, Toninho Cerezo, Buião, Reinaldo, Dario, Eder.

No banco:
Taffarel, Kafunga, Marques.

CHICO PINHEIRO ESCALOU O ATLÉTICO-MG

O Atlético de todos os tempos foi escalado pelo jornalista da Rede Globo de Televisão Chico Pinheiro. Gaúcho de nascimento, mas mineiro desde os primeiros meses de vida, Chico é atleticano da escola de outro ilustre torcedor do Galo: o saudoso escritor Roberto Drummond.

Chico escolheu o seu Atlético de todos os tempos e mandou os nomes dos 14 craques acompanhados de "beijos de fraternura", palavra que mistura fraternidade e ternura, num maneirismo, ou mineirismo, tipicamente seu.

O JOGO

"Ei, ei, ei, Reinaldo é o nosso rei", gritava a torcida do Atlético Mineiro para o centroavante Reinaldo, que saudava os seus fãs com o braço direito erguido e o punho cerrado, numa descarada imitação do gesto imortalizado pelo Doutor Sócrates. O Doutor não se importou com o fato; seu gesto já tinha sido imitado anteriormente por muitos outros, no Brasil e no mundo: os primeiros a imitá-lo foram os integrantes do movimento Panteras Negras, dos Estados Unidos, que, fascinados pela atuação política do "Doutor", incorporaram seu gesto nas suas manifestações.

A partida Corinthians de todos os tempos versus Atlético Mineiro de todos os tempos realmente prometia. Se de um lado tinha Dadá Maravilha, o Beija-Flor, do outro lado tinha Ronaldo Fenômeno, o Gavião.

Se o meio de campo de um contava com Toninho Cerezo, o ataque do outro contava com Walter Casagrande, que aproveitou aqueles momentos que antecediam a partida para mandar um abraço do Paolo Rossi para o Toninho Cerezo. Até sob o aspecto religioso a partida parecia se equilibrar: de um lado, João Leite, o João de Deus; do outro, Marcelinho Carioca, o Pé de Anjo.

Mas o duelo mais esperado era o que envolvia Gamarra, o zagueiro que jamais cometia faltas, e Reinaldo, o mais cassado dos centroavantes.

Antes do pontapé inicial, Reinaldo perguntou a Sócrates, apontando a torcida alvinegra mineira: "Gostou do Galo?". Sócrates, sempre leal aos amigos, apenas comentou: "Galo, pra mim, só existe o Zico".

Reinaldo retrucou: "Contra o time dele, eu já fiz dois no Maracanã, jogando com uma perna só, quando ganhamos o Brasileirão de 1980". Sócrates apenas ouviu e fingiu que não sabia o verdadeiro resultado daquela partida.

Finalmente, o jogo começou. O Corinthians dominava, com Carlito Tevez partindo pela esquerda e driblando Nelinho sempre com facilidade. Os centros de Carlito, perfeitos, chegavam até Casagrande, que quase fez um de cabeça e outro de sem-pulo. Nos dois, João Leite contou com a proteção divina. As bolas bateram na trave. Depois da segunda bola na trave, João Leite simulou uma contusão. Ficou uns dois minutos caído, recebeu atendimento médico e aproveitou para tomar um gole de água benta, trazida pelo massagista.

Já do lado direito, Marcelinho Carioca, sempre sorrindo e gritando "Esse é pra Jesus, esse é pra Jesus", infernizava o lateral Cincunegui com seus dribles desconcertantes. Depois de um desses dribles, Marcelinho sofreu a falta. Apesar da grande distância do gol, resolveu bater direto.

A barreira foi bem feita, mas o tiro de Marcelinho foi espetacular. A bola pegou efeito, fez uma curva no meio do caminho e enganou João Leite, que pulou para um lado enquanto a bola entrava no outro. João Leite se conformou. "Deus quis assim", pensou.

Marcelinho comemorou e berrou: "Viu o milagre que eu fiz, Jesus?".

O Corinthians vencia, mas o Atlético não se entregava.

Gilberto Silva e Toninho Cerezo lançavam Reinaldo, que partia com seus dribles desconcertantes pra cima de Roberto Belangero e Fred Rincón, mas acabava sempre desarmado por Gamarra, que tocava limpo na bola e saía jogando.

Reinaldo, na verdade, tinha até admiração e gratidão por Gamarra: gostava do seu jeito limpo de jogar, diferente dos outros zagueiros, e reconhecia que, graças ao zagueiro corintiano, ou seja, graças ao Corinthians, o Brasil tinha conquistado o Mundial de 1998, na França.

Já naturalizado corintiano, mas jogando pela seleção paraguaia, seu país de origem, Gamarra, sem fazer uma única falta, tinha sido o destaque da partida em que o Paraguai desclassificou a França nas semifinais, abrindo, assim, o caminho para o Brasil, que não precisou enfrentar, na final daquele mundial, a forte equipe de Zidane. Acabou jogando a final contra a frágil Croácia do técnico Zlatko Kranjcar e venceu tranquilamente por 3 a 0, com três golaços de Ronaldo, que acordou naquele dia com uma verdadeira convulsão para fazer gols.

Mas vamos voltar ao Mineirão: aos exatos 32 minutos, ainda do primeiro tempo, Gamarra desarmou novamente Reinaldo na entrada da grande área corintiana. Tocou de trivela para Fred Rincón, que lançou Sócrates na entrada da grande área. Sócrates driblou com o corpo a Wantuir, meteu a bola por baixo das pernas de Luizinho e tocou por cobertura na saída de João Leite. Deus quis assim: Corinthians 2 a 0.

Aos 34 minutos, Deus quis de novo. O mesmo Sócrates driblou com o corpo a Wantuir, meteu a bola por baixo das pernas de Luizinho e tocou novamente por cobertura na saída de João Leite. Era mais uma das magistrais criações do Doutor Sócrates: o *replay* ao vivo.

Dos 35 minutos em diante, o primeiro tempo praticamente se arrastou. O Corinthians, tranquilo, tocava a bola, e o Atlético praticamente assistia.

João Leite pensava se, por um acaso, o massagista não tinha trocado sem querer a sua garrafa de água benta por água mineral, ou até mesmo por uma boa água-que-passarinho-não-bebe da região de Salinas.

O juiz apitou e deu por encerrado o primeiro tempo. Os corintianos comemoravam. A massa atleticana estava muda. Data desse dia a criação da famosa expressão popular "Minas torce em silêncio".

O segundo tempo começou com a equipe atleticana modificada, com Kafunga no lugar de Buião (acusado, no vestiário, de corintianismo), vindo inteirinha para o ataque.

Num escanteio, Dario subiu com Gamarra na pequena área. Parou no ar e cabeceou. Só que, em vez de cabecear a bola, Dadá cabeceou o rosto de Gamarra, que caiu desacordado e sangrando.

Gamarra foi retirado de campo para atendimento médico. A partida reiniciou e Reinaldo aproveitou. Driblou Belangero na entrada da grande área e, quando ia fuzilar, foi aterrado por Fred Rincón. Pênalti indiscutível que o próprio Reinaldo, ainda manquitola, bateu e converteu. O Corinthians deu a saída, Cerezo recuperou a bola no meio de campo, lançou para Eder, que fugiu pela esquerda.

Eder parou na frente de Zé Maria, deu uma ajeitadinha no cabelo, olhou para umas amigas de Lavras que estavam nas numeradas e centrou. Apesar de ainda contundido, o infernal Reinaldo surgiu entre Belangero e Wladimir, que fazia a cobertura. Esticou-se todo e tocou com a perna machucada para o canto esquerdo de Gilmar. O placar mudava. Corinthians 3, Atlético 2. Em apenas dois minutos, aquele que parecia um jogo decidido para o Corinthians começou a ficar dramático.

Antes da nova saída corintiana, Gamarra, já com uma enorme bandagem na testa, voltou a campo. E, a partir daquele momento, Reinaldo não viu mais a cor da bola. O Atlético atacava, lançava Reinaldo, que era desarmado por Gamarra. Lá pelos 40 minutos do segundo tempo, Gamarra não só desarmou Reinaldo como saiu jogando e aproveitou para dar um lindo chapéu em Dario, que vinha estabanado em sua direção.

Aos 44 minutos, Reinaldo invadiu mais uma vez a área. Ao ver Gamarra na sua frente, se atirou, tentando cavar o pênalti. O juiz, que, como todos no Brasil e no mundo, sabia que Gamarra jamais cometia faltas e muito menos pênaltis, mandou o jogo seguir.

O Corinthians saiu para o ataque e por pouco não fez o quarto. Rivellino aplicou um elástico em Nelinho e fuzilou de perna esquerda. A bola se chocou fortemente no poste esquerdo e saiu para fora. João Leite deu graças a Deus por ter encontrado, no intervalo, sua água benta, que o massagista trapalhão havia esquecido num canto do vestiário.

Aos 48, depois de três minutos de acréscimo, o juiz deu por encerrada a partida.

Gamarra e Reinaldo trocaram as camisas, e Reinaldo fez questão de dizer aos microfones de todo o Brasil que, se todos os zagueiros fossem como o Gamarra, a carreira dele teria sido muito mais longa.

Sócrates acrescentou que, se todos os zagueiros fossem como o Gamarra, o Reinaldo teria jogado o mundial da Espanha – e o Brasil teria ganhado o título.

Ao lado e em silêncio, Eder e Cerezo ouviam as palavras do Doutor. Foi quando Casagrande passou por Cerezo e disse que o Paolo Rossi tinha mandado mais um abraço para ele. Cerezo, enfezado, gritou: "Tá pensando que eu sou palhaço?". Casagrande retrucou: "Ser não é, mas que já foi, já foi".

Pancadaria armada, chegou a turma do deixa-disso, e o grupo se dispersou em direção ao vestiário. Enquanto isso, a torcida mineira se retirava do estádio.

Em silêncio.

NOTAS DE RODA-OS-PÉS

• Braço erguido com o punho cerrado era o gesto característico dos Black Panthers (Panteras Negras), grupo radical norte-americano de militância pelos direitos dos negros, criado nos anos 60 do século passado. Reinaldo começou a usá-lo em suas comemorações em 1979, e Sócrates em 1980.

• Beija-Flor era um dos apelidos do centroavante Dario, o famosíssimo Dadá Maravilha. Dario sempre criou seus apelidos.

• Paolo Rossi fez os três gols da Itália, eliminando o Brasil no Mundial da Espanha, em 1982. Na época, Toninho Cerezo foi injustamente criticado como um dos grandes responsáveis por aquela derrota, que entrou para a história como "A Tragédia de Sarriá".

• Galo ou Galinho (de Quintino) era o apelido de Zico quando jogava.

• O goleiro João Leite era chamado de João de Deus por sua religiosidade. Marcelinho Carioca jamais teve o apelido de Pé de Anjo, que sempre pertenceu a Basílio.

• Gamarra realmente não fez nenhuma falta durante a partida, mas, na verdade, o Paraguai perdeu da França por 1 a 0 na prorrogação da partida França × Paraguai do Mundial de 1998. Depois, a França eliminou, ainda, a Itália e a Croácia e, assim, chegou à final contra o Brasil. Ganhou por 3 a 0, com dois gols de Zidane e um de Petit.

• Ronaldo realmente teve uma convulsão no dia da final do Mundial de 1998, mas, infelizmente, não foi de fazer gols. Foi convulsão mesmo.

• A cidade de Salinas, em Minas Gerais, é famosa pela qualidade das suas cachaças. Segundo os consagrados cachaçólogos Geraldo Forbes e Ronaldo Bastos, são produzidas em Salinas as melhores cachaças do mundo.

• O slogan "Minas trabalha em silêncio" foi criado em 1961 pelo publicitário Carlos Wagner de Morais, para a campanha do então governador de Minas Gerais, Magalhães Pinto.

• Buião jogou na ponta-direita do Corinthians de 1968 a 1970. Antes disso, foi ídolo da torcida atleticana de 1964 a 1968.

• Reinaldo foi cortado da Seleção Brasileira de 1982 por contusão no joelho. Fez muita falta, porque formava com Falcão, Sócrates e Zico o grande quarteto de craques brasileiros.

• Toninho Cerezo realmente foi palhaço: trabalhou em circo até os 14 anos de idade, com o apelido de Palhaço Dureza.

GAMARRA

O primeiro jogo das semifinais do Paulista de 1998, entre o Corinthians e a Portuguesa, seguia empatado em 1 a 1. Foi quando uma bola cruzada para a área corintiana encontrou o atacante Aílton livre, com o goleiro Nei já batido. Era só subir, cabecear e fazer Lusa 2 a 1. Aílton fez tudo certo, mas Gamarra – o último bastião da defesa corintiana – também fez. Subiu com ele e rebateu espetacularmente a bola, também de cabeça, no ar, em cima da linha, salvando, assim, o Timão de levar o segundo gol. Naquele dia, diante da visão do zagueiro perfeito, há tanto tempo esperado, houve até quem chorasse nas arquibancadas.

O paraguaio Carlos Alberto Gamarra Pavón, nascido em Ypacaraí (lugar que inspirou o clássico bolero *Recuerdos de Ypacaraí)*, no dia 17 de fevereiro de 1971, foi um dos melhores zagueiros da história do Corinthians. E, indiscutivelmente, o melhor de todos nos últimos 40 anos. Tão cotado quanto ele nas tradicionais eleições das seleções corintianas de todos os tempos, só mesmo o velho Domingos da Guia, que jogou no longínquo período de 1944 a 1948. Mas talvez Gamarra – chamado em sua terra de "Colorado", numa referência aos cabelos ruivos e ao rosto cheio de sardas – não tenha a ideia exata da importância que ocupa na história do Corinthians.

Gamarra foi campeão pela maioria dos clubes por onde passou. No Cerro Porteño, onde começou, em 1991, ganhou o Campeonato Paraguaio de 1992. No Flamengo, ganhou o Campeonato Carioca e a Copa dos Campeões, ambos em 2001. No AEK, ganhou a Copa da Grécia, em 2002, e na Inter de Milão, a Copa da Itália, em 2005. Mas foi no Corinthians que ele ganhou mais – e os melhores – títulos de sua vida. Gamarra foi o capitão que ergueu a taça do segundo título brasileiro da história corintiana, em 1998. No ano seguinte, despediu-se novamente como capitão de mais uma conquista, o Paulista de 1999, aquele ganho com um empate (2 a 2) e as embaixadas de Edílson nas barbas dos enfurecidos palmeirenses.

Com 1,79 metro de altura, Gamarra não era propriamente um gigante para a posição. Mas se agigantava em campo. Superava-se no jogo aéreo e por baixo parecia adivinhar o desfecho de cada jogada, antecipando-se ao adversário. Nas (raras) vezes em que falhava, desculpava-se corrigindo a jogada e saindo com a bola dominada. Pela intensidade, o curto período em que vestiu a camisa corintiana, de março de 1998 a junho de 1999, pareceu muito mais longo. Fez 80 partidas, das quais ganhou 38, empatou 20 e perdeu 22. Marcou sete gols. Como jogador corintiano, foi escolhido o melhor zagueiro do Campeonato Brasileiro (de 1998), o melhor zagueiro do mundo e ajudou a fazer a fama de companheiros de zaga menos cotados, como Cris, Batata, Márcio Costa, Nenê...

Na Copa do Mundo de 1998, que disputou ainda como jogador corintiano e em defesa do Paraguai, Gamarra ficou 724 minutos, o equivalente a oito partidas, sem cometer uma só falta. Por isso mesmo, é difícil acreditar que seu hobby seja colecionar armas (quando chegou ao Corinthians, possuía exatas 23). Gamarra sempre gostou mesmo foi de caçar, não as canelas adversárias, mas javalis e veados, em suas estadas no Paraguai. Aos 17 anos, casou-se com Norma, com quem teve três filhos: Priscila, Jorge e Macarena. No início da carreira, trabalhava fazendo tijolos em uma olaria de Assunção da qual seu pai era o gerente. À tarde, treinava no Cerro Porteño. Era um volante apenas razoável, até que um técnico brasileiro, Paulo César Carpegiani, resolveu transformá-lo em zagueiro. Foi também Carpegiani quem o indicou ao Inter, com as seguintes palavras: "Pode mandar buscar. Ele tem tanta capacidade quanto Figueroa. Daí para mais".

Após os treinamentos, Gamarra passava mais meia hora em campo só cortando os cruzamentos para aperfeiçoar o cabeceio. "Eu faço a falta", assumia ele desde seus primeiros tempos no futebol. "Mas não precisa ser desleal." Veio do Benfica, de Portugal, para o Corinthians, depois de ter sido oferecido ao clube pelo empresário e ex-goleiro paraguaio Benítez. "Ele é baixinho para um zagueiro, não?", ouviu de um diretor do Timão ao ser recusado, em 1995. Três anos depois, o clube pagou 5,5 milhões de dólares, desembolsados pelo então patrocinador, o Banco Excel, para tê-lo. E não se arrependeu.

Depois do Timão, Gamarra passou pelo Atlético de Madrid, da Espanha, pelo Flamengo, pelo AEK, da Grécia, e pela Inter de Milão. Jogou até no rival Palmeiras, já no final da carreira, entre os 34 e os 35 anos, de 2005 a 2006, antes de encerrá-la, de uma vez por todas, no Ethnikos, da Grécia, e no Olímpia, de seu país natal. Deixou uma saudade na zaga corintiana que dura até hoje.

"Dónde estás ahora cuñataí
Que tu suave canto no llega a mí
Dónde estás ahora
Mi ser te adora con frenesi"

REINALDO

"Rei! Rei! Rei! Reinaldo é o nosso Rei!" Era assim que a massa atleticana saudava seu maior ídolo, o camisa 9 Reinaldo, até hoje o maior artilheiro da história do clube, com 255 gols marcados em 475 partidas disputadas. Gente graduada do mundo do futebol, como o técnico Telê Santana, não tinha dúvidas em defini-lo como "um fora de série", colocando-o entre os maiores centroavantes da história do futebol brasileiro em todos os tempos. Outro consenso é que Reinaldo só não teve uma carreira mais constante e duradoura por causa da violência dos zagueiros, que, desde cedo, aniquilaram seus dois joelhos.

José Reinaldo de Lima, o Reinaldo, nascido em Ponte Nova, Minas Gerais, no dia 11 de janeiro de 1957, chegou ao Atlético aos 14 anos para treinar a convite do técnico Barbatana. Começou a chamar atenção logo no primeiro treino, dando um baile nos jogadores que haviam sido campeões brasileiros pelo Galo naquele mesmo ano, 1971. Logo depois, veio o apelido de "Baby Craque", dado pelo escritor atleticano Roberto Drummond. Aos 16, Reinaldo já vestia a camisa do time principal. Com os primeiros gols, veio também o primeiro problema físico. Em um jogo contra o Ceará pelo Campeonato Brasileiro de 1974, Reinaldo pisou em um buraco no campo e torceu o joelho esquerdo. Tratamento imediato: cirurgia e extração do menisco interno esquerdo. Mas o joelho continuou incomodando, doendo, principalmente ao correr, e Reinaldo teve de passar por nova cirurgia, dessa vez para tirar o menisco externo, do mesmo lado esquerdo. Tudo isso com apenas 17 anos de idade e somente dois como jogador profissional. Até os 21, já havia sofrido nove operações.

Mesmo assim, entre um problema físico e outro, Reinaldo seguiu jogando. E marcando gols, muitos gols. Só no Mineirão foram 157, que fazem dele até hoje o maior artilheiro da história do estádio. Reinaldo ganhou seu primeiro título mineiro pelo Atlético em 1976. Mas explodiu mesmo no Campeonato Brasileiro de 1977, ao marcar 28 gols em 18 partidas, marca superada por outro artilheiro da principal competição nacional somente depois de 20 anos, em 1997, quando Edmundo, do Vasco, fez 29 gols, mesmo assim jogando 11 partidas a mais que Reinaldo.

Naquele 1977 em que o Galo chegou invicto à decisão contra o São Paulo, no Mineirão, Reinaldo só não fez gols nos únicos três jogos dos quais não participou. Um deles foi justamente aquela final, em que, após o empate por 0 a 0 nos 90 minutos e na prorrogação, o Atlético acabou perdendo a taça nos pênaltis. Em 1978, apesar dos problemas físicos, Reinaldo ganhou novamente o Campeonato Mineiro e foi convocado para a Copa do Mundo. A esperança depositada em seu futebol era tanta que o Nautilus, nome do aparelho embarcado para a Argentina com a Seleção para que nele Reinaldo fizesse os exercícios necessários para fortalecer seu joelho, ganhou status de 23º convocado. Na estreia do Brasil contra a Suécia, Reinaldo marcou o gol do empate por 1 a 1. Mas, depois, sem condições físicas, acabou perdendo a posição para Roberto Dinamite e entrou em apenas mais três jogos.

Depois da Copa, mais um tratamento, nos Estados Unidos, e nova cirurgia, pois um dos ligamentos de um dos joelhos estava rompido. Após um ano parado, Reinaldo voltou em um amistoso no Mineirão contra o Santos. O Atlético perdeu por 2 a 1, mas o gol do Galo, naquela noite, foi ele que fez. Dessa vez, o retorno era para ficar. Com craques como Reinaldo, o zagueiro Luizinho, o volante Toninho Cerezo e o ponta-esquerda Eder, o Atlético chega a mais uma decisão do Brasileirão, o de 1980, contra o Flamengo. Vence o primeiro jogo da final, em Minas, por 1 a 0, gol dele, Reinaldo, e passa a jogar por um empate para ser campeão na partida de volta.

"Bichado, bichado...", urrava a esmagadora maioria de flamenguistas entre os 154.355 pagantes presentes no Maracanã naquele dia 1º de junho de 1980. Por duas vezes o Flamengo esteve na frente: 1 a 0 e 2 a 1. E em ambas Reinaldo mostrou que não estava bichado, empatando o jogo. O segundo gol ele comemorou da maneira que o caracterizava, com o punho esquerdo erguido, em um gesto que lembrava o dos militantes negros do movimento Panteras Negras, dos Estados Unidos. Na comemoração, Reinaldo também mancava, porque estava em campo no sacrifício. Depois, o Flamengo faria 3 a 2, e o Atlético perderia outro título nacional. Mas Reinaldo já havia cumprido sua parte. Quando chegou a Copa seguinte, a da Espanha, em 1982, Reinaldo, uma vez mais, não conseguiu se recuperar de uma contusão e acabou ficando de fora.

No Atlético, porém, Reinaldo continuou enfileirando títulos. Chegou a um hexacampeonato mineiro, conquistado entre 1978 e 1983, sempre com sua participação decisiva e com gols – muitos gols – dele nas finais contra o Cruzeiro. Fora de campo, sempre se posicionou politicamente, primeiro por maior liberdade nas relações envolvendo os jogadores de futebol, depois pela redemocratização do Brasil, pelas Diretas-Já e, por fim, a favor da candidatura à Presidência de Tancredo Neves contra Paulo Maluf no Colégio Eleitoral, em 1985. Naquele ano, aliás, Reinaldo já não era mais o mesmo. Trocou o Atlético pelo Palmeiras, emprestado, e em três meses não conseguiu marcar um único gol por seu novo clube. Depois, passou pelo Rio Negro, do Amazonas, pelo rival Cruzeiro (apenas três partidas, uma delas contra o próprio Atlético), pelo BK Häcken, da Suécia, e pelo Telstar, da segunda divisão da Holanda, no qual, enfim, pendurou suas chuteiras, aos 31 anos.

Depois do futebol, fundou o Belo Horizonte Futebol e Cultura, em 1991, e elegeu-se deputado estadual e vereador por Belo Horizonte, pelo Partido dos Trabalhadores.

Como político, Reinaldo, o rei da torcida atleticana, não conseguiu ser tão idolatrado quanto foi quando jogava. Mas, em compensação, não foi perseguido nem cassado como foi dentro de campo.

CORINTHIANS
×
BOTAFOGO

OS TIMES

CORINTHIANS

Em campo:
Cilmar, Zé Maria, Gamarra, Roberto Belangero, Wladimir, Dino Sani, Marcelinho Carioca, Casagrande, Rivellino, Sócrates, Carlito Tevez.

No banco:
Neto, Fred Rincón, Ronaldo.

BOTAFOGO

Em campo:
Manga, Carlos Alberto Torres, Leônidas, Nilton Santos, Marinho, Didi, Gérson, Garrincha, Quarentinha, Amarildo, Paulo César Caju.

No banco:
Zé Carlos, Heleno, Jairzinho.

JOÃO MOREIRA SALLES ESCALOU O BOTAFOGO

O Botafogo de todos os tempos foi escalado por João Moreira Salles, documentarista e criador da revista *Piauí*.

João, botafoguense fanático e fiel (mesmo naqueles momentos em que acontecem aquelas coisas que só acontecem com o Botafogo), mandou a sua escalação acompanhada do comentário: "Escalar o Botafogo de todos os tempos não é difícil. A gente sabe de cor. Eu tenho até uma escultura deles (o time todo) aqui em casa".

O JOGO

O Corinthians de todos os tempos contra o Botafogo de todos os tempos foi um jogo mais que repleto de atrações.

Zé Maria resolveu marcar Zagallo vestindo a camisa 13 em vez da 2, só de sacanagem, e repetia pra quem quisesse ouvir: "Ele vai ter que me engolir".

Quarentinha prometia vários gols e o seu primeiro sorriso em público.

O goleiro Manga, extremamente competitivo, não escondia seu mau humor: no concurso "O Jogador mais Feio da História do Futebol Brasileiro", realizado dias antes, tinha amargado um terceiro lugar. Raí, do São Paulo Futebol Clube, tinha levado o primeiro, e Rosemiro, do Palmeiras, o "Namoradinho da Raquel Welch", ficara em segundo. Manga não se conformava com a terceira posição. Achava que tinha perdido feio.

Ainda sobre as expectativas da partida: muito se falava do encontro de Nilton Santos com Armando Marques. Num Corinthians × Botafogo anterior, Nilton, "A Enciclopédia do Futebol", tinha tido um momento digno de Muhammad Ali, "A Enciclopédia do Boxe", e acertado um murro na boca do estômago do arco-irisado juiz. Nem as câmeras da televisão, nem as do Canal 100 tinham registrado aquele momento para a posteridade, e torcedores botafoguenses e corintianos torciam por um *replay*. Ao vivo.

Enfim, as atrações eram inúmeras, mas a mais esperada por todos era o duelo Wladimir versus Mané Garrincha. Conseguiria Wladimir, considerado o melhor lateral-esquerdo de todos os tempos, parar o endiabrado Mané, que, dias antes, tinha feito gato, porco e sapato do lateral-esquerdo Geraldo Scotto, do Palmeiras, numa partida em que o fogão aplicou um humilhante 5 a 0 nos alviverdes? Alguns diziam que sim. Outros achavam que não.

Jornalistas botafoguenses, como João Saldanha e Armando Nogueira, apostavam no Mané. Já os mais equilibrados e isentos, como Juca Kfouri, acreditavam em Wladimir.

O jogo foi realizado no Maracanã e, antes da partida, num flagrante protecionismo à equipe botafoguense, Elza Soares foi convidada para cantar o Hino Nacional. O protecionismo não adiantou. Aquela seria a noite do Corinthians e, particularmente, de Wladimir, a ponto de Elza Soares comentar depois do jogo, a respeito da comprovada superioridade do corintiano sobre o seu Mané: "Todo boato tem um fundo de verdade".

O jogo começou pontualmente às 21 horas e 15 minutos. O capítulo final da novela "Vale Tudo", com a revelação de quem matou Odete Roitman, foi adiado em virtude da importância do duelo entre Wladimir e Mané Garrincha.

Zé Maria sabia que eram 21h15, mas, só pra sacanear Zagallo, disse para o Formiguinha que eram 21h13. E repetiu: "Treze, o meu número da sorte. Entendeu, Zagallo?".

O Botafogo deu a saída, Quarentinha tocou para Didi, que esticou na direita para Mané; Mané dançou na frente de Wladimir, que o desarmou com facilidade. Wladimir aplicou dois dribles curtos em Garrincha e lançou por entre as suas pernas na esquerda, em direção a Roberto Rivellino.

O Corinthians tocava todas de primeira. Os botafoguenses não sabiam, mas o combinado pelos corintianos no vestiário era que todo mundo daria toques rápidos e de primeira envolvendo os alvinegros cariocas. O único jogador corintiano liberado para dar seus dribles humilhantes e desconcertantes era Wladimir, devidamente autorizado a enfeitar e divertir a plateia sempre que desarmasse Garrincha.

Wladimir cumpriu o combinado. Desarmava Garrincha, dançava na sua frente, ameaçava sair por um lado e saía pelo outro. Não contente, uma hora disse para um pasmo Mané: "Se eu soubesse que era tão fácil, tinha mandado o Gabriel, meu filho, no meu lugar". E, não contente, passou a chamar Mané de João.

A técnica da equipe alvinegra do Parque São Jorge suplantava de longe a raça da equipe alvinegra de General Severiano. Tanto que, aos 30 minutos do primeiro tempo, o placar já marcava 2 a 0. Gols de Rivellino, batendo uma falta com a sua inesquecível folha-seca, e de Wladimir, que, depois de aplicar dois dribles desconcertantes em Garrincha, desceu pela esquerda e, sem ângulo, da linha de fundo, tocou para o gol. A bola, num movimento que lembrava o snooker bem jogado, fez uma tabela na trave do outro lado e foi se alinhar no fundo das redes de Manga.

Naquele primeiro tempo, o Botafogo só levou perigo à meta corintiana uma única vez. Foi quando Armando Marques, com medo de Nilton Santos, que olhava para ele carrancudo, marcou uma falta inexistente de Gamarra em Amarildo. Gamarra ficou possesso, mas Armando Marques não voltou atrás.

Didi se preparou para bater. Queria imitar a folha-seca, inventada por mestre Roberto Rivellino. Acertou na levantadinha, mas o chute saiu frouxo, fraquinho, e Gilmar encaixou a bola com facilidade.

Nas tribunas de honra, Elza Soares, que acompanhava o lance, cantarolou "Quando eu piso em folhas secas...".

Encerrado o primeiro tempo, Quarentinha, que tinha prometido fazer gols e rir, na verdade chorava, tanto que o Botafogo voltou para o segundo tempo com Jairzinho, o Furação da Copa, no seu lugar.

Jair, naquele dia, estava mais para ventinho suave ou leve brisa e não conseguiu incomodar a zaga corintiana.

O Corinthians manteve os seus toques de primeira e acabou conseguindo o terceiro e o quarto gols. O terceiro também de falta, dessa vez numa folha-seca de Marcelinho Carioca, que havia aprendido nos treinamentos essa antológica criação de Roberto Rivellino. E o quarto num dos momentos mais feios da história do futebol: Manga bateu um tiro de meta na cabeça de Carlito Tevez, que, de costas para o gol botafoguense, voltava para a intermediária corintiana. A bola atingiu seu cocuruto, voltou forte e foi se alinhar dentro do gol botafoguense.

Com 4 × 0 e a partida decidida, a única expectativa para o restante do jogo era saber se Mané Garrincha ia conseguir dar pelo menos um dos seus dribles em Wladimir. Coisa que não aconteceu. Ao contrário: Wladimir continuava desarmando Garrincha, dando dribles que deixavam o ponta botafoguense com as pernas ainda mais tortas e chamando o seu Mané, a cada drible, de "João".

Wladimir repetiu "João" tantas vezes que uma hora Garrincha reagiu: "João, coisa nenhuma. Sou o Mané de Pau Grande". Wladimir, pura e simplesmente, respondeu: "E daí? No Corinthians, é todo mundo de pau grande. Jogadores e torcedores".

Trinta e nove minutos do segundo tempo. Marcelinho Carioca aplica dois dribles desmoralizantes dentro da área em Nilton Santos, que cai, mas, antes de cair, dá uma tesoura voadora em Marcelinho. Armando Marques apita o pênalti, cogita expulsar Nilton Santos, mas chega à conclusão de que uma advertência a distância já seria o suficiente.

Sócrates põe a bola na cal e se prepara para bater. Armando Marques apita, e Sócrates bate fraquinho, como se atrasasse a bola para Manga.

Depois do jogo, Sócrates declarou que tinha feito aquilo como um gesto de solidariedade ao goleiro Manga, que estava deprimido pelo fato de ter perdido o concurso de "O Jogador mais Feio do Brasil" para Raí, seu irmão. Mas, na verdade, o pessoal dos bastidores sabia que Sócrates não quis fazer o gol só para não dar aos palmeirenses a colher de chá de poder dizer que o Botafogo também tinha tomado de cinco naquele mês.

Ainda de dentro do campo, no finalzinho do jogo, alguns fatos chamaram a atenção. Zé Maria, que não quis trocar a camisa com Zagallo (o "Velho Lobo" queria porque queria aquela verdadeira 13 da sorte). A fuga de Armando Marques, que aproveitou o fato de Nilton Santos estar prestando atenção no que lhe dizia Garrincha, na lateral do campo, para sair correndo pro vestiário. E o comentário de Garrincha para Nilton Santos: "Nilton, se você é 'A Enciclopédia do Futebol', aquele Wladimir é a biblioteca inteira".

NOTAS DE RODA-OS-PÉS

• O 13 é, historicamente, o número da sorte de Zagallo, que disse a frase "Vocês vão ter que me engolir" em 26 de junho de 1997, depois de conquistar como técnico a Copa América pelo Brasil, no jogo Brasil 3 × 1 Bolívia.

• A biografia de Quarentinha, *O Artilheiro que não Sorria*, escrita por Rafael Casé, explica em detalhes essa característica da personalidade do grande artilheiro botafoguense.

• O apelido "Namoradinho da Raquel Welch" foi colocado no lateral Rosemiro, do Palmeiras, em 1977, pelo narrador Osmar Santos.

• O apelido "A Enciclopédia do Futebol" foi dado a Nilton Santos pelo locutor Waldir Amaral.

• Nilton Santos realmente acertou um soco em Armando Marques, depois de ser expulso no jogo Corinthians 3 × 2 Botafogo, realizado em São Paulo, no dia 7 de fevereiro de 1964.

• O Canal 100, com filmes sobre partidas do futebol brasileiro, foi uma série clássica do nosso cinema. Durou 50 anos, de 1950 a 2000.

• Geraldo Scotto, do Palmeiras, foi considerado o melhor marcador de Garrincha e, possivelmente, o único lateral-esquerdo do mundo que não levou nenhum passeio do "seu Mané".

• Elza Soares foi casada com Garrincha de 1963 a 1977. A canção "Boato", de autoria de João Roberto Kelly, foi um de seus primeiros sucessos, em 1961.

• "Formiguinha" era o apelido de Zagallo quando jogador, em virtude de seu vaivém em campo. Virou "Velho Lobo" depois de se tornar técnico.

• O inventor da folha-seca foi Didi, história muito bem contada no livro *Didi – O Gênio da Folha-Seca,* do jornalista Péris Ribeiro.

• "Possesso" era o apelido de Amarildo quando jogava no Botafogo e na Seleção Brasileira.

• "Folhas Secas" é um dos grandes sambas de Nelson Cavaquinho e Guilherme de Brito.

• Quem fez um gol da linha de fundo, sem ângulo, tocando a bola de tabela na trave oposta, como numa tacada de snooker, na verdade foi Mané Garrincha, jogando pelo Corinthians, na partida Corinthians 2 × 0 São Paulo, realizada no estádio do Pacaembu, em 19 de março de 1966.

• No dia 21 de novembro de 1965, jogavam Brasil e União Soviética. Manga era o goleiro da Seleção Brasileira. Bateu um tiro de meta, e a bola atingiu o cocuruto do soviético Banishevski, que voltava para o seu meio-campo. A bola voltou ao gol brasileiro e entrou no canto oposto de Manga.

WLADIMIR

"Não posso errar de jeito nenhum." Foi isso que passou pela cabeça de Wladimir Rodrigues dos Santos naquele momento em que a bola sobrou para ele, depois de ter sido mandada para a área em uma cobrança de falta de Zé Maria, resvalado em Basílio e batido no travessão em um chute de Vaguinho. Daí a opção por cabecear com firmeza, quase sem mexer o pescoço. "Fiquei vários dias sentindo dores", confessa.

Naquela noite, Wladimir tinha 23 anos, praticamente o mesmo tempo que o Corinthians esperava para ser campeão. Teve tudo para fazer o gol da vitória por 1 a 0 sobre a Ponte Preta na final do Campeonato Paulista de 1977. E só não fez porque, no meio do caminho, já em cima da linha, uma outra cabeça, a do zagueiro pontepretano Oscar, impediu que a bola entrasse. Foi só na sequência daquele mesmo e interminável lance que apareceu a perna direita de um outro jogador, Basílio.

A identificação com a torcida foi imediata, mais precisamente desde que aquele garoto negro de sorriso imaculadamente branco, canhoto de nascença, dono de um rosto com alguns traços de menino que permanecem até hoje, saiu dos juvenis para ter suas primeiras oportunidades entre os profissionais. Primeiro com o técnico Duque, jogando alguns minutos durante uma excursão do Corinthians à Turquia, em 1972. Depois com o autoritário Iustrich, conhecido por sua truculência pelo apelido de "Homão", que o efetivou durante o Campeonato Paulista de 1973. Desde os primeiros jogos, Wladimir foi saudado como o homem certo para sua posição, a lateral-esquerda. Aliando raça e uma certa técnica — duas características muito caras à Fiel —, conseguia desarmar o adversário e ainda sair jogando com a cabeça erguida. Seus carrinhos, sempre na bola, eram quase infalíveis, e o poder de recuperação ia muito além do que prometia seu físico mirrado. Era nessas ocasiões que a Fiel mais berrava, em um grito criado especialmente para ele: "É Wladimir, oba! É Wladimir, oba!".

A principal marca de sua passagem pelo Corinthians foi mesmo a regularidade. Ninguém, até hoje, entrou em campo mais vezes com a camisa do clube. Foram 805 jogos como profissional, entre 1972 e 1985, e por um curto período de três meses em sua volta, em 1987, para jogar como quarto-zagueiro. Um número difícil de ser alcançado por outro jogador nestes tempos cada vez mais profissionais. Também pertence a Wladimir o recorde de partidas seguidas pelo Corinthians. Expulso de campo na derrota por 2 a 1 para a Ponte Preta pelo Campeonato Brasileiro, no dia 15 de março de 1981 (um dos quatro únicos cartões vermelhos que ele recebeu como corintiano), Wladimir não pôde enfrentar o Bahia no fim de semana seguinte. Depois disso, acumulou 161 jogos sem uma única ausência, durante dois anos, um mês e 23 dias, entre 28 de março de 1981 e 21 de maio de 1983. Mais de dois anos sem ser expulso nem se machucar.

"Nunca dei trabalho aos médicos do clube. Nunca tive uma distensão muscular em toda a minha vida", orgulha-se até hoje. De fato, contam-se nos dedos de uma só mão os problemas clínicos de Wladimir ao longo de toda a carreira: uma grave contusão na coluna, que o afastou da equipe por quatro meses, antes mesmo que se firmasse, em 1972; um entorse no tornozelo, que o incomodava e o obrigou a jogar com uma botinha de esparadrapo, pouco depois; e uma misteriosa dor no pé esquerdo, cuja causa jamais foi diagnosticada, em 1975. "Ele tem a musculatura mais perfeita de todos os jogadores com quem trabalhei", afirmava Oscar Davidson, que foi massagista do Corinthians por 35 anos, entre 1944 e 1980.

Santista na infância "por causa de Pelé", como muitos de sua geração, Wladimir começou jogando futebol aos 10 anos, no time da Igreja de Nossa Senhora Auxiliadora, organizado pelo padre Oscar para a disputa de um campeonato com outras paróquias da região paulistana de Pinheiros, onde morava. A casa em que ele, os seis irmãos e a própria mãe, dona Diva, haviam nascido pertencera ao avô materno. Uma construção antiga de fundos, erguida em um loteamento popular na Rua Doutor Alberto Seabra, na Vila Ida, com quarto, sala, cozinha e banheiro. Lá, "Mimi", como era chamado quando criança, dormia na sala, dividindo um dos dois sofás-camas com um irmão dois anos mais novo. O pai, Benedito Rodrigues dos Santos, era mestre de obras.

Nascido no dia 29 de agosto de 1954, Wladimir fez parte da primeira leva de jogadores que vieram ao mundo justamente no ano em que o Corinthians foi campeão pela última vez, entrando num jejum que só seria quebrado em 1977. Tornou-se também o primeiro deles a se firmar. Na campanha do vice-campeonato brasileiro de 1976, ele já era, tecnicamente, o melhor jogador da equipe. No ano seguinte, o da redenção corintiana, antes de sair para disputar aquele terceiro e último jogo da final do Paulista contra a Ponte Preta, prometeu ao pai: "Não volto para casa sem o título. Pode crer".

E cumpriu. "O título de Campeão Paulista representou a consagração de um sonho, do sonho de uma nação", diz. "Participei de um momento histórico da vida do Corinthians, e isso não tem preço." Mas, se no Corinthians Wladimir sentia-se forte, confiante, com a camisa amarela, isso não acontecia. No mesmo 1977 em que se consagrou pelo clube, ele havia sido cortado da Seleção Brasileira, que disputava as Eliminatórias para a Copa de 1978, logo após a substituição do técnico Oswaldo Brandão por Cláudio Coutinho. Apenas algumas horas depois, entrou em campo para defender o Corinthians contra o Juventus, no Pacaembu. E, naquela noite, pôde ler várias faixas dedicadas especialmente a ele, que diziam: "A Fiel está com você" e "O Timão é mais importante que a Seleção".

Fazendo jus a seu nome – o mesmo de Wladimir Ilich Lênin, líder da Revolução Russa de 1917 –, Wladimir sempre foi "um revolucionário", como certa vez definiu sua mãe. Durante toda a carreira, na hora de renovar contrato, teve quedas de braço homéricas, a maioria delas com Vicente Matheus, presidente do Corinthians durante dez dos 14 anos em que vestiu a camisa alvinegra. Sempre acabava acertando, embora com a amarga sensação de que acabara de fazer um mau negócio. Certa vez, a torcida chegou a se oferecer para cobrir a diferença entre o que ele pedia e o que o Corinthians queria pagar. Pressionado, Matheus acabou cedendo. "Só não vendo você porque tenho medo do que a torcida possa fazer", chegou a confessar várias vezes o velho cartola ao próprio jogador.

Nas concentrações, não gostava de jogar baralho. Preferia ler e estudar. Tinha vários outros interesses além do futebol, como a música, a dança (exímio capoeirista, chegou a montar sua própria academia, na Vila Maria), o xadrez (costumava travar duelos com Sócrates), a poesia e a militância no movimento negro. Admirador de Martin Luther King, fez cursos sobre a língua e a cultura africanas, especificamente o dialeto iorubá. Também chegou a escrever artigos para a revista paulista *Ébano*. Em 1982, participou até de um filme, chamado *Olho Mágico*, no papel de um policial da Boca do Lixo paulistana.

A Democracia Corintiana, experiência política introduzida no Corinthians no final de 1981 e logo encampada por jogadores como ele, Sócrates e Casagrande, deu nova vida a Wladimir em campo. Aos 27 anos, ele logo se tornou um dos principais jogadores na campanha do acesso da Taça de Prata para a Taça de Ouro e, depois, no título de Campeão Paulista de 1982. Naquele ano, herdando a faixa de capitão que fora de Zé Maria, Wladimir marcou gols em um número que nunca havia feito antes nem viria a fazer depois: nada menos que dez. "Dava vontade de treinar e jogar no Corinthians. Ninguém ia treinar como um funcionário público", relata. "Até então, o jogador era condicionado a só jogar futebol, e, quando você é chamado a ter uma participação mais efetiva na vida política do clube, isso é fantástico. Foi aí que nós começamos a decidir sobre tudo: concentração, viagens [...] Para nós, a liberdade estava associada à responsabilidade, e nós a tínhamos. Os que mais se expunham, além de mim, eram o Sócrates, o Casagrande e o Zenon. O ruim é que passava a imagem de ser uma democracia de três ou quatro, o que não era verdade." Em tal clima de liberdade, o Corinthians de Wladimir foi campeão paulista em 1982 e bi em 1983. Wladimir foi eleito conselheiro do Corinthians, com Zé Maria, pela chapa da situação, a Democracia Corintiana. Depois, assumiu a presidência do Sindicato dos Atletas Profissionais de São Paulo, do qual já era diretor.

Dois anos depois, em 1985, o clima no Parque São Jorge era bem diferente. Sócrates já havia ido embora para a Fiorentina, da Itália, enfraquecendo as bases da Democracia Corintiana, que perdeu as eleições no clube para Roberto Pásqua. Com o dinheiro da venda de Sócrates, o Corinthians montou um verdadeiro esquadrão – com um jogador de nível de Seleção Brasileira para cada posição –, formado por Carlos, Édson, Juninho, De León e ele, Wladimir; Dunga, Casagrande e Zenon; Paulo César, Serginho e João Paulo, dando-se, ainda, ao luxo de ter nomes como Biro-Biro, Arturzinho e Eduardo no banco de reservas. Na prática, porém, aquele time não funcionou. Foi prematuramente eliminado no Campeonato Brasileiro e ficou de fora das semifinais do Paulista. Havia muita desunião, segundo Wladimir, um dos últimos representantes da Democracia Corintiana a ser eliminados pelos novos mandatários do clube.

No final daquele mesmo ano, Wladimir foi informado pelo então vice-presidente de futebol (e futuro presidente de triste memória) Alberto Dualib de que não estava mais nos planos do Corinthians. Queriam até mesmo mandar o salário para a casa dele, só para evitar que voltasse a entrar no clube. Começou, então, a batalha com a diretoria corintiana para receber passe livre. Wladimir jogou o Campeonato Paulista de 1986 pelo Santo André. Às vésperas de completar 32 anos, estava prestes a se tornar pai pela terceira vez: para alegria de sua esposa, Rose, a pequena Ludmila juntava-se agora a Júlia e ao primogênito Gabriel, hoje um lateral, como o pai, só que pelo lado direito. Wladimir transferiu-se, então, para a Ponte Preta. Depois, voltou ao Santo André. Convidado a jogar no Palmeiras, não aceitou. Algumas semanas depois, ainda naquele mês de setembro de 1987, Wladimir aceitava sua volta ao Parque São Jorge. Aos 33 anos, assinava um contrato de quatro meses. Ficaria por apenas três, tempo suficiente para jogar na Copa União e estender um pouco mais seu recorde de jogos. Depois, passou ainda pelo Cruzeiro e pelo Santos. Entre 1989 e 1990, foi o administrador do Pacaembu, na gestão da prefeita Luiza Erundina. Jogou também na Central Brasileira de Cotia e no São Caetano, no qual finalmente encerrou a carreira, em 1991. Tornou-se político e secretário de Esportes e Lazer do município de Diadema. Nada disso, porém, foi mais importante em sua vida do que ter vestido por tanto tempo a camisa 4 do Corinthians.

GARRINCHA

O autor deste livro acha que ler apenas uma minibiografia de Mané Garrincha é muito pouco. E, por isso mesmo, recomenda a você a leitura de *Estrela Solitária – Um Brasileiro Chamado Garrincha*, do escritor Ruy Castro.

CORINTHIANS
×
GRÊMIO

OS TIMES

CORINTHIANS

Em campo:
Gilmar, Zé Maria, Gamarra, Roberto Belangero, Wladimir, Dino Sani, Marcelinho Carioca, Ronaldo, Sócrates, Rivellino, Carlito Tevez.

No banco:
Fred Rincón, Neto, Casagrande.

GRÊMIO

Em campo:
Eurico Lara, Arce, Ayrton, De León, Everaldo, Sergio Lopes, Gessy, Ronaldinho Gaúcho, Renato Gaúcho, Alcindo, Eder.

No banco:
Foguinho, Luiz Carvalho e Dinho.

PEDRO SIROTSKY ESCALOU O GRÊMIO

O Grêmio de todos os tempos foi escalado por Pedro Sirotsky, sócio do Grupo RBS.

Pedro, também conhecido como "o gaúcho que colocou Florianópolis na moda", é Grêmio fanático como toda a sua família. Mandou a lista dos seus 14 gremistas de todos os tempos acompanhada de uma foto do seu filho mais novo, João Pedro, de um ano de idade, já com a camisa do Grêmio.

O JOGO

O Corinthians de todos os tempos contra o Grêmio de todos os tempos foi, antes da sua realização, um jogo muito ironizado pelos adversários das duas equipes.

Antigremistas diziam ser o Grêmio o melhor time de futebol uruguaio de todos os tempos e acrescentavam que o período menos medíocre da equipe gaúcha tinha sido quando seu treinador era Luiz Felipe Scolari (o Felipão) e o Grêmio se notabilizava por ser um time de um gol só: aquele em que o Arce descia pela direita, Paulo Nunes se infiltrava pelo meio, Arce fingia que ia lançar Paulo Nunes, mas, no final, acabava colocando a bola na cabeça de Jardel, que fazia o gol. Realmente o Grêmio viajou com esse gol pelo mundo inteiro, chegou até mesmo a ganhar um torneiozinho sul-americano chamado Libertadores da América com ele, mas dizer que essa era a única jogada importante da história do tricolor dos pampas, sem dúvida nenhuma, era coisa de colorados e despeitados. Basicamente os mesmos.

Já anticorintianos diziam que o Corinthians se notabilizava apenas pela raça de Idario em 1954 e a correria de Ataliba no período da Democracia Corintiana, no início dos anos 80.

Pura inverdade. Já em 1954, o Corinthians contava com estilistas como Roberto Belangero, Luizinho e Cristóvão Pinho, e, na Democracia Corintiana, todos sabem que a função de Ataliba, o A-ta-tá, era entreter a torcida enquanto os mestres Sócrates e Zenon desfilavam toda a sua habilidade.

Para ódio dos detratores de ambos lados, o Corinthians e Grêmio de todos os tempos acabou sendo um dos jogos mais técnicos de todos os tempos. Até porque tinha dentro de campo dois grandes técnicos: Dino Sani, pelo Corinthians, e Renato Portaluppi (Gaúcho), pelo Grêmio.

A partida teve até alguns exageros estilísticos: toques de calcanhar de Sócrates, lançamentos de três dedos de Ronaldinho, embaixadinhas de Carlito Tevez e passes de trivela acompanhados por ajeitadas no cabelo de Eder.

Mas tanto o careca Dino Sani como o cabeludo Renato Portaluppi sabiam que o jogo ia acabar sendo decidido nos detalhes.

Aos 32 minutos do segundo tempo, depois de mais de 70 minutos de firulas de ambas as equipes, Ronaldinho lançou Eder de primeira, que (sem ajeitar os cabelos, num momento raro de sua carreira) tocou na pequena área para Alcino, que fuzilou para o gol. Grêmio, 1 a 0.

Três minutos depois, aos 35 minutos, Sócrates também lançou Rivellino de primeira, que tocou na pequena área para Ronaldo, que fuzilou para o gol. Corinthians 1 × Grêmio 1.

A partida voltou a ser igual, com firulas e gracejos de ambos os lados. Mas, aos 43 do segundo tempo, Hugo de León cometeu falta violenta e desnecessária em Carlito Tevez na entrada da área.

O lance foi exaustivamente comentado. Alguns diziam que se tratava de uma manifestação explícita da rivalidade entre uruguaios e argentinos; outros comentavam que, na verdade, De León não era nenhum Gamarra e, por isso mesmo, tinha apelado. Mas a maioria – e com razão – preferiu achar que, naquele momento, o coração de De León, que já havia defendido o Corinthians, tinha batido mais forte, e a falta desnecessária tinha sido cometida para ajudar indiretamente a equipe do Parque São Jorge.

Fosse o que fosse, quem bateu mais forte do que o coração de De León foi Marcelinho Carioca, que colocou a bola no ângulo esquerdo de Eurico. Corinthians, 2 × 1.

Minutos depois, após os acréscimos, a partida foi encerrada com a vitória corintiana. Uma vitória quase que inesperada, naquela partida extremamente técnica e habilmente jogada, na qual um empate também cairia bem.

Corinthians e Grêmio saíram satisfeitos de campo, pensando ter calado a boca dos detratores com aquela exibição do autêntico futebol arte. Mas nem assim as línguas ferinas desistiram: na semana pós-jogo, antigremistas diziam que o Grêmio continuava o mesmo timinho uruguaio de sempre, com apenas dois gaúchos: o Renato e o Ronaldinho; e anticorintianos comentavam que o Corinthians, apesar de se dizer o maior time dos paulistas, na verdade, só tinha de bom mesmo um carioca: o Marcelinho.

Consultado como neutro, o governador de Minas Gerais – e eventual candidato à Presidência da República –, Aécio Neves, disse que considerava as duas equipes excelentes. Assim como considerava também excelentes todas as outras equipes de São Paulo, do Rio Grande do Sul, de Minas Gerais, do Rio de Janeiro, do Espírito Santo, do Paraná, de Santa Catarina, do Acre, do Amazonas, do Pará, de Roraima, de Rondônia, do Amapá, do Tocantins, do Maranhão, do Piauí, do Ceará, do Rio Grande do Norte, da Paraíba, de Pernambuco, de Alagoas, de Sergipe, da Bahia, de Mato Grosso, de Mato Grosso do Sul, de Goiás e do Distrito Federal.

NOTAS DE RODA-OS-PÉS

• O gol de cabeça de Jardel com a participação de Paulo Nunes e Arce foi realmente uma das jogadas ensaiadas mortais da equipe treinada por Luiz Felipe Scolari, o Felipão, de 1993 a 1996.
Jardel, nesse período, fez 67 gols praticamente iguais.

• O Grêmio de Felipão, Jardel, Paulo Nunes e outros craques ganhou a Libertadores de 1995 e chegou à final do Mundial de Clubes em Tóquio contra o Ajax da Holanda quando empatou por 0 × 0 e perdeu o título nos pênaltis, por 4 × 3.

• Idário é considerado até hoje o mais raçudo zagueiro corintiano de todos os tempos.

• Roberto Belangero, Luizinho e Cláudio Christóvam de Pinho, apesar de raçudos como todo o Corinthians de 1954, eram jogadores extremamente técnicos.

• Ataliba foi contratado pelo Corinthians (jogava anteriormente no Juventus) com a função de correr muito em campo (sua principal característica) e entreter a torcida com suas jogadas às vezes estapafúrdias. Fazia parte de um esquema que Sócrates batizou de "educar a torcida" naquela equipe da Democracia Corintiana, que, na sua maioria, era composta por jogadores extremamente técnicos.

• O apelido “A-ta-tá”, dado a Ataliba, deve-se ao fato de ele ser gago, particularmente nas entrevistas, das quais ele fugia com frequência.

• O ponta Eder, titular da Seleção Brasileira de 1982, ficou conhecido por sua técnica, seu chute forte e também pelo fato de ser extremamente vaidoso e cuidadoso com seus cabelos.

• Hugo de León jogou no Corinthians em 1985.

DINO SANI

Corintiano ele é desde o berço, praticamente desde o dia em que nasceu, 23 de maio de 1932, na paulistana Vila Pompeia. Quis o destino, porém, que a relação de Dino Sani com o Corinthians começasse tarde e guardasse muitas coincidências com Ronaldo. Como o Fenômeno, Dino chegou ao Parque São Jorge já consagrado, depois dos 32 anos. Também como Ronaldo, Dino voltou ao Brasil após jogar pelo Milan, da Itália. E ambos venceram a desconfiança geral para, enfim, se tornar ídolos.

Dino Sani (assim mesmo, sem nenhum outro nome separando os dois pelos quais tornou-se internacionalmente conhecido) deu seus primeiros passos no futebol jogando pelo rival Palmeiras. Primeiro no infantil, de 1943 a 1946, depois no juvenil, de 1947 a 1949, e finalmente no profissional, a partir de 1950. Até amadurecer, passou por times pequenos, como o extinto Comercial, da capital, e o XV de Jaú, que ajudou a subir para a primeira divisão em 1951. Mas consagrou-se mesmo no São Paulo, no qual jogou de 1954 a 1961.

Desde garoto, o "Diabo Loiro", como Dino era chamado em seus primeiros tempos de jogador, atuava em todas as posições, incluindo o gol. Depois, foi recuando em campo, na mesma medida em que perdia os cabelos: do ataque para a meia, da meia para a posição de volante, na qual, já precocemente careca e usando a camisa 4, se destacou, antes de tudo, pela inteligência. Técnico, grande organizador de jogadas, Dino sabia como ninguém virar o jogo, fazendo lançamentos precisos para os pontas. E ainda sabia chutar a gol muito bem.

Como atleta tricolor, Dino Sani foi campeão paulista em 1957 e mundial pela Seleção Brasileira, em 1958, na reserva do santista Zito. Em 1961, transferiu-se para o Boca Juniors. Bastaram 14 partidas e quatro gols pelo time argentino para chamar a atenção do Milan, da Itália, que o contratou por empréstimo. Lá, entre 1961 e 1964, Dino Sani foi campeão italiano em 1962 e europeu em 1963.

Foi então que o Corinthians apareceu em sua vida. Estabilizado financeiramente, perto de completar 33 anos, Dino resolveu voltar ao Brasil para jogar no time do seu coração. Estreou com a camisa alvinegra em 13 de janeiro de 1965, com vitória (3 a 0) sobre o Santa Cruz, pelo Torneio Pentagonal do Recife, jogando na capital pernambucana. Naquele mesmo dia, também estreava, formando o meio-campo a seu lado, uma jovem promessa do time de aspirantes corintiano campeão paulista no ano anterior: Roberto Rivellino. Era Dino Sani comandando a transição de um ídolo, Luizinho, para outro, Rivellino. Ao lado de Luizinho, Dino Sani atuou apenas oito vezes: ganhou duas, empatou três e perdeu outras três. Mas nos anos seguintes, Dino Sani e Rivellino formariam, com a camisa corintiana, uma das melhores duplas de meio-campo do futebol brasileiro em todos os tempos. Nas 107 partidas em que os dois gênios estiveram juntos em campo, o Corinthians ganhou 64 vezes, empatou 19 e perdeu apenas 24.

Os adversários, como sempre, diziam que Dino estava velho, mas, mesmo assim, ele continuou esbanjando categoria pelo Corinthians. Foram 116 partidas disputadas, com 66 vitórias, 21 empates, 29 derrotas e 32 gols marcados. Nesse período, Dino – como o próprio Corinthians – só ganhou um título, o do Torneio Rio-São Paulo de 1966, ainda assim dividido com Botafogo, Santos e Vasco, por falta de datas para o desempate. Naquele mesmo ano, aos 34 de vida, Dino Sani foi eleito o melhor jogador de sua posição no Campeonato Paulista. Esteve presente na lista dos 45 pré-convocados para a Copa do Mundo de 1966, na Inglaterra, mas acabou cortado antes do embarque.

Sem correr, apenas sabendo se colocar bem dentro de campo, Dino Sani ajudava a defesa e alimentava o ataque. "No futebol, quem deve correr mais é a bola, não o jogador", explicava ele, um homem de poucas, pouquíssimas palavras fora de campo, mas de muita ação dentro dele. Em 1967, aos 35 anos, levou o Corinthians a fazer a melhor campanha da primeira fase do Torneio Roberto Gomes Pedrosa, o Robertão, mas o título acabou escapando no quadrangular final. Quando afinal abandonou a carreira de atleta, no fim de 1968, aos 36 anos e meio, foi para iniciar a de técnico, a partir de 1969, no próprio Corinthians. Dino Sani deixou sua marca na história como um dos maiores e mais seguros volantes do Corinthians, titular absoluto na maioria das eleições do Timão de todos os tempos realizadas até hoje.

RENATO GAÚCHO

Quando ele explodiu para o futebol, fazendo dançar os zagueiros do Hamburgo, da Alemanha, e marcando os dois gols que fizeram do Grêmio campeão mundial em 1983, houve quem o comparasse a Garrincha, falecido naquele mesmo ano. A posição era a mesma, e os dribles, se não iguais, igualmente irresistíveis. Com o tempo, porém, Renato foi passando de ponta-direita endiabrado a atacante que jogava mais enfiado e, nos últimos anos em atividade, até a armador de jogadas, características mais condizentes com seu físico avantajado, de 1,82 metro de altura e peso sempre acima dos 80 quilos. Outra semelhança em relação a Garrincha foram os muitos casos amorosos que Renato colecionou ao longo de sua carreira como jogador.

Como o próprio apelido que o consagrou no futebol denuncia, Renato Portaluppi é gaúcho, de Marco da Pedra, distrito de Guaporé, no Rio Grande do Sul, onde nasceu em 22 de janeiro de 1962, mas foi criado em Bento Gonçalves. Aos 12 anos, começou a trabalhar em uma padaria, fazendo e entregando pães. Dos 15 aos 17, trabalhou na linha de montagem de uma fábrica de móveis para cozinhas. Era colorado desde a infância, mas seu primeiro clube profissional foi o Esportivo, de Bento Gonçalves, onde não esquentou lugar: com o vice-campeonato gaúcho alcançado por sua equipe em 1979, Renato chamou a atenção do Grêmio, que acabou levando de uma vez tanto Renato quanto o técnico Valdyr Espinosa, seu amigo até hoje.

Renato estreou na equipe principal do Grêmio já em 1980, mas só se firmou entre os titulares a partir do terceiro jogo da decisão do Brasileiro de 1982, que o Grêmio perdeu para o Flamengo. Aquele vice-campeonato nacional, no entanto, valeu ao Grêmio o direito de disputar a Libertadores do ano seguinte, com Renato já efetivado no lugar do veterano ídolo Tarciso. Naquele 1983, Renato não só fez uma grande Taça de Ouro (o Brasileiro da época) como foi lembrado pela primeira vez para a Seleção Brasileira que disputaria a Copa América. Ainda ajudou o Grêmio a ser campeão sul-americano e mundial.

O segundo jogo da decisão sul-americana, contra os uruguaios do Peñarol, no estádio Olímpico, em Porto Alegre, estava empatado por 1 a 1 até os 30 minutos do segundo tempo. Foi quando Renato, diante de dois adversários entre as linhas lateral e de fundo, resolveu levantar a bola e dar um chutão para dentro da área, que encontrou a cabeça do atacante Caio para fazer o gol da vitória (por 2 a 1) e do título. No jogo de Tóquio, que decidiu o Mundial Interclubes, Renato novamente fez de tudo. Pouco antes do embarque, havia sido multado pela diretoria. Então propôs um acordo aos dirigentes: se o Grêmio fosse campeão, a multa seria retirada; se ele fizesse um gol, ganharia um reajuste; se fizesse dois, teria o salário dobrado. Naquela madrugada brasileira de 11 de dezembro de 1983 (meio-dia no Japão), Renato ganhou sua aposta.

O Grêmio terminou o primeiro tempo ganhando por 1 a 0, justamente com um gol de Renato. Ele recebeu um lançamento de Paulo César Caju, deu dois cortes no lateral Schröder e chutou entre o goleiro e a trave. Faltavam cinco minutos para o fim do jogo quando o Hamburgo empatou, com o próprio Schröder. Mas na prorrogação, logo aos 3 minutos, Renato Gaúcho deu novamente o ar de sua graça. E como: ele recebeu na altura da marca do pênalti, deu mais um corte seco para a esquerda, dessa vez sobre Jacobs, e fez o gol da vitória – e do título mais importante da história gremista.

Mas nem só de Grêmio foi feita a carreira de Renato. No Tricolor gaúcho, ele permaneceu a tempo de ganhar dois títulos estaduais, em 1985 e 1986. Só deixou de ir à Copa do Mundo disputada naquele ano, no México, por indisciplina: reapresentou-se na concentração após o horário determinado e acabou cortado pelo técnico Telê Santana. Leandro, lateral-direito do Flamengo, que estava fora com Renato, acabou pedindo dispensa em solidariedade ao amigo.

No ano seguinte, 1987, Renato Gaúcho "naturalizou-se" carioca pela primeira vez. Foi jogar no Flamengo, e, nas semifinais da Copa União, vingou-se de Telê Santana. Foi ele que acabou com o Atlético Mineiro, time de Telê, jogando muito e marcando o gol da vitória por 3 a 2 que classificou o Flamengo para disputar (e vencer) a final contra o Inter. Tão ídolo da massa rubro-negra quanto foi da gremista, Renato retornaria à Gávea em mais três oportunidades. Já estava de volta da Roma para o Flamengo, em 1990, quando ganhou a Copa do Brasil e disputou sua única Copa do Mundo, na Itália. Esteve em campo apenas nos últimos minutos da derrota por 1 a 0 para a Argentina, que desclassificou o Brasil ainda nas oitavas de final, substituindo o volante Alemão.

No Botafogo, pelo qual foi vice-campeão brasileiro em 1992, Renato envolveu-se em uma das muitas polêmicas de sua carreira. Após a derrota de seu time para o Flamengo por 3 a 0, no primeiro jogo das finais, ele participou de um churrasco comemorativo rubro-negro. Por isso, acabou afastado da segunda partida decisiva. No Cruzeiro, Renato foi campeão mineiro e da Supercopa Libertadores, fazendo a torcida criar um grito só para ele: "Renato, doidão, não vai embora, não". Mas o eterno "doidão" Renato iria embora mais uma vez, para duas passagens sem brilho, pelo Flamengo e pelo Atlético Mineiro.

Renato só voltaria a brilhar no Fluminense, onde virou herói ao desviar com a barriga um chute de Aílton, quando faltavam quatro minutos, e marcar o gol da vitória por 3 a 2 sobre o Flamengo, vitória essa que devolveu ao Tricolor o título de campeão carioca depois de dez anos. Em 1997, voltou a jogar uma vez mais no Flamengo. Dois anos depois, encerrou a carreira no Bangu. Como técnico, Renato teve sua primeira experiência ainda enquanto jogava, no Fluminense, em 1996. Depois, passou pelo Madureira, pelo Fluminense e pelo Vasco. Voltou ao Flu, levando a equipe ao título da Copa do Brasil de 2007 e à disputa da final da Libertadores de 2008 contra a LDU, do Equador.

Renato Portaluppi, gaúcho que virou carioca, jogador que virou técnico, mais que tudo isso, foi um craque que virou história. No Brasil e no mundo.

CORINTHIANS
×
CRUZEIRO

OS TIMES

CORINTHIANS
Em campo:
Gilmar, Zé Maria, Gamarra, Roberto Belangero, Wladimir, Fred Rincón, Marcelinho Carioca, Casagrande, Sócrates, Ronaldo, Neto.

No banco:
Dino Sani, Rivellino, Carlito Tevez.

CRUZEIRO
Em campo:
Raul, Nelinho, Perfumo, Fontana, Piazza, Sorín, Dirceu Lopes. Tostão, Palhinha, Alex, Joãozinho.

No banco:
Zé Carlos, Natal, Jairzinho "Furacão".

SAMUEL ROSA ESCALOU O CRUZEIRO

O Cruzeiro de todos os tempos foi escalado por Samuel Rosa, cantor, compositor e líder da banda Skank. O cruzeirense Samuel, criador de sucessos como a canção "Uma partida de futebol", mandou seu time da Raposa de todos os tempos, com o seguinte comentário: "Vai aí a escalação do meu glorioso time de botão do Cruzeiro, várias vezes campeão dos torneios daqui das alterosas".

O JOGO

De um lado, o doutor Eduardo Gonçalves de Andrade, também conhecido como Tostão. Do outro, o doutor Sócrates Brasileiro Sampaio de Souza Vieira de Oliveira, também conhecido como Sócrates.

O Corinthians de todos os tempos contra o Cruzeiro de todos os tempos foi o clássico dos doutores, envolvendo dentro do campo um grande meia-esquerda e clínico-geral e um consagrado meia-direita e ortopedista. Sabedores da importância daquele momento para a história do futebol e da medicina, outros grandes médicos amantes do futebol fizeram também questão de comparecer naquela tarde ao estádio do Pacaembu. O cardiologista Roberto Kalil Filho, figura mais do que adequada para uma partida onde haja coração e representante oficial do seu paciente, o presidente e corintiano Luiz Inácio Lula da Silva; o clínico-geral Zyun Masuda, amante do futebol técnico e bem jogado, "Aquele futebol onde só tem craque, né? Não tem japonês, né?"; diretores do Hospital Alemão Oswaldo Cruz, fanáticos pela perfeição médica e futebolística; representantes do Sírio-Libanês e da Beneficência Portuguesa; e até mesmo o doutor Claudio Luiz Lottenberg, presidente do Albert Einstein, que manifestou interesse em conhecer um pouco do futebol bem jogado, coisa até então desconhecida no bairro em que se localiza o hospital presidido por ele.

Dentro de campo, apesar das tensões naturais geradas por uma partida como essa, coisa que preocupava o também presente doutor Adib Jatene, o clima era de cordialidade.

Antes do apito inicial, Walter Casagrande (que ficaria no banco corintiano) dizia ao goleiro mineiro Raul que o seu apelido, em vez de

"Wanderléa", devia ser "Martinha". Wanderléa era a "Ternurinha", explicava Casagrande; já Martinha era o "Queijinho de Minas". Como os queijos mineiros não têm furos como os suíços, o goleiro Raul não se sentiu ofendido. Além disso, ele sabia que Casagrande entendia de música: da Jovem Guarda de Roberto Carlos ao rock'n'roll de Rita Lee.

No meio de campo, ainda antes da saída, Neto e Dirceu Lopes comentavam a respeito de algumas injustiças sofridas pelos dois na Seleção Brasileira: Dirceu Lopes perdendo o lugar para Dario, em 1970, e Neto perdendo o lugar para Bismarck, em 1990.

Realmente, o que deu na cabeça dos técnicos Mario Jorge Lobo Zagallo e Sebastião Lazaroni para fazer essas opções era uma coisa que nem o neurologista Eduardo Mutarelli nem os psiquiatras Valentim Gentil Filho e Flávio Gikovate conseguiriam explicar.

Às 16 horas em ponto – debaixo de um sol que a dermatologista Ligia Kogos considerou exagerado e prejudicial à pele dos jogadores –, a partida começou.

Palhinha tocou para Tostão, que atrasou para Dirceu Lopes. Dirceu deu um corte em Fred Rincón e esticou na ponta-esquerda para Joãozinho. Zé Maria, que já havia marcado pontas bem mais hábeis, não se assustou com a fama de driblador de Joãozinho: tomou-lhe a bola e esticou na direita para Marcelinho.

O carioca Marcelinho driblou o argentino Sorín, mas foi derrubado violentamente pelo troglodita Fontana, que vinha na cobertura. Nas numeradas, o doutor Neilor Lasmar comentou com Lídio Toledo, seu colega, que, desde os seus tempos no Vasco da Gama, Fontana formava com seu companheiro Brito a dupla de zagueiros mais querida dos ortopedistas de todo o Brasil. Eram mais que zagueiros: eram ótimos fornecedores.

No campo, os massagistas imediatamente socorreram Marcelinho, mas ele só se levantou quando o Doutor Sócrates, depois de examiná-lo, confirmou que ele podia continuar.

Neto ajeitou a bola para bater a falta. O Cruzeiro providenciou a barreira.

Orientados pelo goleiro Raul, os zagueiros Perfumo, Fontana, Wilson Piazza e Sorín se perfilaram. Apesar de sua pequena estatura e de ser um atacante, Tostão, sempre solidário com a equipe e craque com ou sem a bola nos pés, se juntou a eles.

Neto olhou para a barreira colocada mais para o lado esquerdo, vislumbrou Raul com sua camisa amarela postado mais para o lado direito e disparou um tirambaço na forquilha esquerda de Raul. Com menos de dois minutos de jogo, o Corinthians já fazia 1 a 0. E, com aquele gol, Neto se igualava a Marcelinho Carioca naquela que era uma amigável disputa entre os dois *gentlemen* alvinegros: o recorde mundial de gols de falta feitos na história do futebol por um só jogador.

A partida foi reiniciada, e o jogo, apesar da vantagem corintiana, passou a ser absolutamente equilibrado. Grandes jogadas de Sócrates de um lado, lindos dribles de Dirceu Lopes do outro. Se Tostão oferecia perigo ao gol alvinegro, Ronaldo atormentava o gol cruzeirense.

A verdade é que, do lado corintiano, todos continuavam praticando um grande futebol, com a exceção de Marcelinho, em processo de convalescença daquele pré-operatório ministrado por Fontana. Já do lado cruzeirense, apenas Palhinha destoava. Corintiano de coração, Palhinha sonhava um dia ainda jogar no Corinthians e, por mais profissional que fosse, não conseguia desenvolver um bom futebol diante do seu querido alvinegro. "Ele se sentiria culpado se o fizesse", como explicou a psicanalista Regina Navarro Lins.

No intervalo, enquanto os craques se hidratavam nos vestiários, os grandes nomes da medicina presentes se hidratavam na área VIP do estádio com alguns vinhos trazidos pelo seu colega, o doutor Fúlvio Pileggi.

O segundo tempo começou e, até os 30 minutos, a radiografia do jogo era exatamente a mesma do primeiro tempo. Muita habilidade de ambos os lados, jogadas de efeito, os dois goleiros fazendo grandes defesas, mas nada de gols.

Aos 38 minutos, numa descida rápida do alvinegro, Sócrates recebeu a bola quase junto à grande área, partiu para o drible, mas foi atropelado por Fontana, que por pouco não o atingiu, o que poderia, segundo o Doutor, ter lhe provocado uma fratura exposta na tíbia, acompanhada de uma fissura no perônio (fíbula), uma luxação na coxa e, bem possivelmente, um deslocamento do tendão.

O juiz não marcou a falta, para irritação de Marcelinho, que, intimamente, nem ficara tão preocupado com a violência de Fontana, mas estava louquinho para bater uma falta daquela posição, o que resultaria em gol na certa e na sua consequente ascensão na briga pela artilharia dos gols de falta com Neto.

Marcelinho, inconformado, reclamou com veemência e recebeu cartão amarelo. Continuou reclamando e acabou sendo expulso. Apesar da vantagem numérica cruzeirense, o jogo continuou o mesmo. Muita habilidade e pouca efetividade.

Aos 47 minutos, já nos descontos, com o Cruzeiro inteiro no campo de defesa corintiano, Palhinha, estranhamente, perdeu um gol praticamente feito. Lançado livre por Tostão, acabou chutando em cima de Gilmar. A bola rebatida espirrou para Gamarra, que lançou longo para Ronaldo. A um palmo da área cruzeirense, Ronaldo foi aterrado por Perfumo, o que, perto de uma entrada de Fontana, segundo o depoimento do próprio Ronaldo depois do jogo, parecia apenas uma variação do tratamento alternativo de acupuntura que ele vinha fazendo. Mesmo assim, o lance era para falta – e o juiz marcou.

Os cruzeirenses não se conformaram e partiram para cima do árbitro.

Enquanto isso, Neto, que observava Tostão, o único cruzeirense distante daquela confusão, lembrou que, num Corinthians × Cruzeiro do passado, Tostão tinha sido involuntariamente atingido no olho por uma bolada desferida pelo zagueiro corintiano Ditão. Aquela bolada tinha provocado em Tostão um descolamento da retina. Tostão operou aquele olho três vezes. Melhorou consideravelmente, a ponto de disputar o Mundial de 70 e ser destaque daquela seleção campeã mundial. Mas seu olho não tinha ficado perfeito, como havia contado a Neto o amigo e oftalmologista corintiano Sergio Alcântara Maia.

Passada a confusão, o juiz confirmou a falta. Raul novamente orientou a formação da barreira com Perfumo, Fontana, Wilson Piazza e Sorín. Tostão novamente se juntou a eles. Neto observou e sentiu que, daquela distância, com aquela barreira e a colocação do goleiro, poderia fazer outro gol de falta até com relativa facilidade. Mas optou por um gesto mais humanitário: bateu forte, mas em direção à cabeça de Tostão, atingindo com precisão cirúrgica seu olho esquerdo, particularmente a retina do craque mineiro, que, imediatamente, voltou ao seu devido lugar.

Terminada a partida, Tostão, infinitamente grato, ofereceu sua camisa ao craque corintiano e saiu de campo abraçado com ele. Nas semanas seguintes, exaltou por diversas vezes a habilidade, a precisão e o caráter de Neto na sua coluna da *Folha de S.Paulo*.

Passaram-se os meses, abriu-se a janela de compras europeia, e o Barcelona ofereceu milhões de euros ao Corinthians pelo passe de Neto.

Muitos diziam que o time catalão sonhava montar o seu melhor meio de campo de todos os tempos, com Messi, Cruyff e Neto. Mas isso era só uma meia-verdade.

Descobriu-se depois que quem estava por trás da proposta do Barça era o conselheiro do clube catalão, o doutor José Barraquer. Dono da famosa clínica oftalmológica que leva o seu nome, o consagrado especialista catalão obviamente queria o talento de Neto no meio de campo da sua equipe de coração, mas sonhava mesmo era contar com a precisão cirúrgica na batida de faltas do xodó da Fiel para resolver alguns problemas de descolamento de retina, até aquela tarde de Corinthians e Cruzeiro praticamente insolúveis ou, no mínimo, fora do alcance da oftalmologia tradicional.

NOTAS DE RODA-OS-PÉS

• Roberto Kalil Filho, médico do presidente Lula, é Diretor Geral do Centro de Cardiologia do Hospital Sírio-Libanês, em São Paulo.

• Zyun Masuda é um dos mais conceituados clínicos-gerais do país. Mantém no século XXI a tradicional postura do médico de família, praticamente desaparecida nos dia de hoje.

• O doutor Adib Jatene é Diretor-Geral do Hospital do Coração, em São Paulo.

• O Hospital Alemão Oswaldo Cruz notabiliza-se pela sua tecnologia e precisão. Lá foi inaugurado, em março de 2009, o Instituto da Próstata, comandado pelo doutor Miguel Srougi, urologista.

• O exame anual da próstata é fundamental para todo e qualquer homem (não importa qual seja o seu time do coração) a partir dos 40 anos.

• O Hospital Sírio-Libanês é considerado um dos melhores hospitais do mundo.

• O Hospital Beneficência Portuguesa tem como um dos seus maiores beneméritos o corintiano Antônio Ermírio de Moraes.

• O Hospital Albert Einstein é outro hospital brasileiro considerado um dos melhores do mundo, e sua maternidade é uma festa. Lá, nasceram três dos inspiradores deste livro: Theo, Arthur e Heitor. E a irmã de Theo e tia de Arthur e Heitor, Antônia.

• O neurologista Eduardo Mutarelli é autor do *Manual de Exames Complementares em Neurologia*.

• O psiquiatra Flávio Gikovate fez parte da equipe da vitoriosa Democracia Corintiana.

• A consagrada dermatologista Ligia Kogos tem uma linha de cosméticos que leva o seu nome.

• O ponta Joãozinho foi um dos maiores dribladores da história do futebol brasileiro, digno representante da escola de Garrincha e Canhoteiro.

• Os doutores Neilor Lasmar foi médico da Seleção Brasileira de Futebol nas Copas de 1982 e 1986. Lídio Toledo, nas de 1970, 1974, 1978, 1990, 1994 e 1998.

• Brito e Fontana formaram no Vasco uma das duplas de zaga mais bravas do futebol brasileiro. Brito e Fontana também foram campeões mundiais com a Seleção Brasileira no México, em 1970: Brito como titular e Fontana como reserva.

• Neto (24) e Marcelinho Carioca (51), juntos, fizeram 75 gols de falta pelo Corinthians.

• Palhinha jogou no Corinthians de 1977 a 1980. Foi campeão paulista em 1977 e 1979.

• O médico Fúlvio Pileggi é também grande conhecedor de vinhos. Faz parte do time que reúne o corintiano José Bonifácio de Oliveira Sobrinho (o Boni), o flamenguista Uadji Moreira e o são-paulino Raul Cutait.

• Ditão atingiu Tostão involuntariamente com uma bolada que causou o descolamento da retina do olho esquerdo do craque mineiro no dia 24 de setembro de 1969. A partida foi no Pacaembu.

• O oftalmologista Sergio Alcântara Maia não é corintiano, é são-paulino.

• Ambas as clínicas de oftalmologia Barraquer – tanto a de Barcelona, na Espanha, quanto a de Bogotá, na Colômbia – são mundialmente famosas. Assim como a cidade de Campinas, no Estado de São Paulo, onde o craque Neto despontou para o futebol, é considerada um dos grandes centros de excelência da oftalmologia mundial.

NETO

Foi em 1998, na Copa da França. O fim da última passagem de Neto pelo Corinthians completava seis meses, e lá se iam mais de sete anos desde a melhor fase vivida por ele com a camisa alvinegra. Mesmo assim, durante a transmissão do jogo em que a Espanha perdeu para a Nigéria por 3 a 2 no Estádio Beaujoire, em Nantes – onde, três dias depois, o Brasil derrotaria Marrocos por 3 a 0 –, o planeta inteiro pôde ler, via satélite, o que uma faixa colocada por corintianos nas arquibancadas fazia questão de lembrar: "Neto, Eterno Xodó da Fiel".

Baixo para os padrões de um jogador de futebol (1,74 metro), gordinho (na maior parte da carreira, esteve acima dos ideais 72 quilos), genial com a perna esquerda. Principalmente nos "pênaltis, as faltas, escanteios, lançamentos e voleios", como bem lembrava a letra da música composta pelo genial Tom Zé em desagravo à sua ausência em uma outra Copa do Mundo, disputada na Itália oito anos antes, em 1990. A descrição tanto física quanto das características de jogo poderia muito bem corresponder a Maradona, que naquele mesmo Mundial ajudou a eliminar o Brasil e a levar a Argentina ao vice-campeonato. Mas cabia como uma luva também em Neto, que, mesmo estando na melhor fase de sua carreira – e o país talvez na sua pior fase em termos de craques –, acabou ficando fora da lista de convocados. "O Lazaroni, para mim, foi um lazarento", diz Neto, com sua habitual ironia misturada ao sotaque interiorano. Ele se refere a Sebastião Lazaroni, o técnico daquela Seleção Brasileira que em 1990 acabou desclassificada nas oitavas de final. Ainda sobre esse tema, a música de Tom Zé dizia:

Neto, abertamente as musas te namoram
Da Itália cantam chorus
Cheios, chegam de Correios
Com despachos de Oxalá, Damasco, Roma e Bagdá...
(...)
Fato, peninsular calçado
Pois a Itália é uma bota
Pra vestir a fama da tua canhota

No Corinthians, foram apenas quatro anos, entre 1989 e 1993, além de uma volta apagada entre o final de 1996 e o primeiro semestre de 1997. No entanto, e como o próprio Neto já definiu, "esse sempre foi o time da minha vida". Isso desde a infância em Santo Antônio de Posse – ou, simplesmente, Posse, como ele mesmo prefere chamar –, cidade distante apenas 40 quilômetros de Campinas, onde José Ferreira Neto, o segundo dos cinco filhos do seu José Carlos, soldado da Polícia Militar, e da dona Cida nasceu no dia 9 de setembro de 1966, pelas mãos da parteira dona Noêmia. Aos 11 anos, Netinho (ao lado da mãe, o único corintiano dentro de uma família majoritariamente de palmeirenses) lembra-se de ter comemorado a conquista do Campeonato Paulista de 1977. Saiu às ruas de Posse com um primo da mesma idade e escreveu "Corintia campeão", assim mesmo, errado, com um giz na calçada. Treze anos depois, caberia a ele ser o capitão e o melhor jogador de uma equipe tecnicamente limitada, em que se destacavam também e tão-somente o goleiro Ronaldo, o zagueiro Marcelo e o volante Márcio. Mas que conseguiu dar ao clube a glória de seu primeiro título de campeão brasileiro.

Naquele 1990, mas principalmente naquele Campeonato Brasileiro, Neto fez de tudo. Desequilibrou, e é por isso que a Fiel lhe é grata até hoje. Continuou idolatrando-o, como se viu no episódio da faixa da Copa de 1998 e ainda se vê em pedidos de autógrafos e fotografias. Houve até quem chegasse a tatuar na batata da própria perna a imagem de Neto comemorando um de seus 80 gols nos 227 jogos que fez com a camisa corintiana. No primeiro semestre de 1990, ele já havia realizado um grande Campeonato Paulista, apesar de o Corinthians ter ficado fora da decisão, o que justificava o clamor por sua convocação para a Copa do Mundo. Era considerado o último dos craques ainda em atividade no Brasil. No Brasileiro, disputado a partir de agosto, marcaria nove dos 23 gols do Corinthians campeão nacional pela primeira vez, sendo cinco deles em cobranças de faltas decisivas, principalmente nos mata-matas.

Foi em uma noite de sábado, no Pacaembu, que Neto fez o grande jogo de sua vida. O adversário nas quartas de final era o Atlético Mineiro, que saiu na frente com um gol de cabeça de Gérson, logo aos 15 minutos de jogo. Um resultado terrível para o Corinthians, que teria de ganhar o jogo de volta, no Mineirão, por dois gols de diferença. Faltavam 15 minutos para o final quando Paulo Sérgio cruzou a bola para a área. Surpreendentemente, Neto subiu mais que o gigantesco Cléber e empatou com um gol inusitado, raro em sua carreira, porque marcado de cabeça. Dez minutos depois, já aos 40 do segundo tempo, é novamente Paulo Sérgio quem cruza para a área. Tupãzinho faz o corta-luz, a bola cruza toda a extensão do campo e vai sobrar limpa para Neto marcar o segundo. Pela primeira vez, o craque comemora da maneira que viria a se tornar sua marca registrada. Aproveitando a chuva, ele desliza de joelhos no gramado e ergue o braço direito diante da Fiel. Até então, Neto só comemorava seus gols subindo no alambrado. Com aquela vitória, bastou um empate por 0 a 0 em Minas, mesmo sem Neto, suspenso por causa do terceiro cartão amarelo, para o Corinthians chegar às semifinais.

No duelo seguinte, contra o Bahia, a história se repete. Na quinta-feira, no Pacaembu, debaixo de muita chuva, o adversário sai na frente com um gol de falta do ex-corintiano Wágner Basílio. E lá vai Neto de novo salvar o Corinthians, primeiro com um escanteio venenoso cobrado aos 12 minutos, ainda do primeiro tempo, que obriga o volante Paulo Rodrigues a marcar contra. Depois, aos 18 do segundo tempo, na cobrança de uma falta em que a bola bateu no gramado molhado e entrou no alto. Nada, porém, é por acaso: na semana que antecedeu aquele jogo, Neto havia treinado mais de 500 faltas, 180 delas somente no dia anterior. Na partida de volta, em Salvador, mais um 0 a 0 e a passagem garantida para a decisão contra o São Paulo.

Naquelas finais, Neto entrou em campo com os meiões do avesso, para dar sorte, como sempre fazia nos jogos mais importantes. Não atuou tão bem, mas nem precisava. Ainda assim, na quinta-feira, o gol da vitória por 1 a 0, marcado por Wilson Mano com o joelho, saiu de seu pé, cobrando para o meio da área uma falta da intermediária logo aos quatro minutos. No domingo, mesmo podendo jogar pelo empate, o Corinthians ganhou novamente: 1 a 0, gol de Tupãzinho. E quem o lançou, para colocar a bola entre as pernas de Antônio Carlos, servir Fabinho e, no rebote, marcar o gol de carrinho? Foi Neto, que, antes do fim do jogo, seria substituído pelo volante Ezequiel para garantir o resultado. "É campeão, você é campeão nacional, garoto", gritava no ouvido de Neto o preparador físico Flávio Trevisan assim que o jogo acabou. O craque, então, correu para abraçar o técnico Nelsinho Baptista e dizer: "Nós merecemos, professor". Antes de sair do gramado, ele deixaria, ainda, uma última mensagem: "É o dia mais feliz do ano mais feliz da minha vida". Ganhou também o direito de herdar a chave do armário que havia pertencido a seu ídolo de infância, Rivellino, cuja guarda seu Paulo, o roupeiro, manteve por 15 anos. É que agora a camisa 10 corintiana finalmente reencontrara um dono à sua altura.

Destro com a mão, canhoto com o pé, Neto já nasceu gordinho, com seus 4 quilos e 300 gramas. Adorava raspadinhas de groselha, refrigerantes e cachorros-quentes, tanto que, no início da carreira, era chamado de "Rei do Hambúrguer". Na escola, além de nunca precisar entrar na fila da merenda, sempre ganhava um pouco a mais, pois Tia Zuca, que também era sua madrinha, fazia os pratos no Grupo Escolar Mário Bianchi, onde Neto estudava. Ao tentar definir a condição social de sua família, Neto diz: "Nunca passei fome, mas passei necessidade de não poder ter um chiclete, uma Coca-Cola". No entanto, tinha também uma tendência natural para engordar. "Faço regime, mas não adianta", sempre lamentou.

Junto com o são-paulino Lilico, seu melhor amigo de infância, Neto primeiro tentou a sorte no Guarani, mas não foi aprovado. Jogou, então, nos dentes-de-leite da Ponte Preta até 1978, mas não podia pagar a condução diária de Posse até Campinas. Foi seu tio Carlito Milanês, na época diretor do Guarani, quem o levou de volta para lá, dessa vez para ser integrado aos juvenis, a partir de 3 de novembro de 1979. Tinha 13 anos quando passou a morar, sozinho, no alojamento do clube. Chegou medindo apenas 1,20 metro e 35 quilos. Anos depois, saltaria para 1,72 metro e 66 quilos.

Desde os primeiros tempos, Neto ganhou fama de jogador rebelde, que não se importava com o físico ou com os treinamentos, mas também de genial. Após disputar o Torneio de Cannes, na França, pela Seleção Brasileira de novos, em 1982, fez seu primeiro jogo como profissional. Era um sábado, 28 de maio de 1983, e naquele dia, na Rua Javari, na Mooca, o Juventus venceu o Guarani por 2 a 1, pelo Campeonato Paulista. Neto fez o gol de honra da sua equipe. Tinha apenas 16 anos e 8 meses. Chamado pelos companheiros de "Gatão" – porque, mesmo com aquela idade, já se mostrava experiente em campo –, chamou a atenção pela primeira vez como a maior revelação brasileira dos Jogos Pan-Americanos de Caracas, em 1983, de onde a Seleção Brasileira voltou com a medalha de prata. Usava a camisa amarela número 14.

No Bangu, emprestado pelo Guarani por três meses, em 1986, não chegou a jogar a metade desse tempo, exatos 45 dias, afastado por uma fratura no pé direito. No São Paulo, também emprestado, mas por seis meses, entre fevereiro e agosto de 1987, chegou a ser campeão paulista, contribuindo com um gol de falta no meio das pernas do então goleiro palmeirense Zetti no jogo das semifinais, vencido pelo tricolor por 3 a 1. Mas era apenas o reserva de Pita, e foi, ainda, atrapalhado por um grave acidente automobilístico, no qual fraturou a clavícula esquerda, teve um leve traumatismo craniano e sofreu uma lesão no ligamento da coluna cervical. Após uma tentativa de venda ao Belinzona, da Suíça, que acabou não se concretizando, Neto voltou ao Guarani. No primeiro jogo da decisão do Campeonato Paulista de 1988, contra o Corinthians, que terminaria empatado por 1 a 1, ele marcou, em uma perfeita bicicleta, o mais belo gol de sua carreira. Ao comemorar, proferiu duas frases que entraram para sua história pessoal. A primeira: "Eu sou foda". A segunda: "Já pensou se eu marco um gol desse com a camisa do Corinthians?". Durante o segundo jogo decisivo, em Campinas, acabou sacado do time pelo técnico Carbone. E teve de assistir do banco o Guarani perder a partida por 1 a 0 e o título para o Timão.

Na sequência, viriam uma boa participação nas Olimpíadas de 1988, em Seul, pela Seleção Brasileira, e a transferência para o Palmeiras. Neto chegou ao Parque Antarctica no início de 1989, junto com o atacante Careca Bianchesi, em troca do passe do ponta-direita Tato e de hoje falecidos 300 milhões de cruzados novos. Foi o único clube em que teve de trocar sua tradicional camisa 10 pela 11, pois a preferência era de Edu Manga, que era ídolo e já estava por lá. Invicto durante todo o Campeonato Paulista, o Palmeiras viu o sonho de voltar a ser campeão após 13 anos acabar por causa de uma só derrota, para o Bragantino, por 3 a 0. Quanto a Neto, teve muitos problemas com o técnico Emerson

Leão, que fazia questão de substituí-lo em quase todos os jogos. No final daquele campeonato, ele foi chamado na sala da diretoria palmeirense e comunicado: "Você foi negociado com o Corinthians". "Mas eu não quero ir", foi a resposta, que de nada adiantou.

Apesar de ter ficado para a história a esdrúxula troca do craque Neto pelo obscuro Ribamar, a verdade é que o negócio entre o Corinthians e o Palmeiras, realizado em meados daquele ano de 1989, envolveu ainda mais dois jogadores, os laterais esquerdos Denys – queimado no alviverde desde a falha clamorosa na decisão contra a Inter de Limeira que custou o título de 1986 – e Dida, um jogador no nível de Seleção Brasileira que o Corinthians havia trazido do Coritiba. "Coitado do Ribamar, até hoje paga por uma história que não tem nada a ver", lamenta Neto. No Corinthians, ele assinou um contrato em branco, com a única condição de ganhar o mesmo salário que lhe pagava o Palmeiras. Logo nas primeiras entrevistas, um pouco mais animado, chegou a prometer: "Serei o sucessor de Rivellino".

Com seis meses de Parque São Jorge, Neto já era um dos líderes do elenco. No início de 1990, herdou a braçadeira de capitão de João Paulo, que foi para o Palmeiras. "Tenho que agradecer a Deus pelo título de 90 todos os dias. Ele me reservou isso", reconhece Neto. "Se eu não tivesse sido campeão brasileiro pelo Corinthians, não teria sido o mesmo jogador. Ia faltar aquela marca."

"Bato falta, mas faço, e vale. Se em todo jogo eu fizer um gol de falta, estou feliz", defendia-se Neto daqueles que o consideravam um jogador pouco participativo, importante apenas nos lances de bola parada. E que não eram poucos. As críticas eram reforçadas por atitudes aparentemente displicentes, como o hábito de ficar parado em campo, ajeitando o calção. "Queiram ou não, eu estou na história do Corinthians. O primeiro título brasileiro do clube tem o meu talento, meus gols."

Era um clássico contra o Palmeiras, pelo Campeonato Paulista de 1991, que terminaria com a derrota do Corinthians por 2 a 1. Após dar um carrinho por trás em César Sampaio, Neto é expulso por José Aparecido de Oliveira. Irritado mais pelos erros de arbitragem cometidos ao longo daquele jogo do que propriamente pelo cartão vermelho, ele cospe no rosto do juiz. Depois, seria suspenso por quatro meses – na prática, reduzidos para dois meses e treze dias, por causa de uma anistia que lhe foi concedida e dos 30 dias de férias dos jogadores. Ainda assim, Neto desfalcou o Corinthians na decisão do título paulista de 1991, vencida pelo São Paulo. Em 1992, mesmo com as fracas campanhas do time nos Campeonatos Brasileiro e Paulista, Neto continuava ídolo. Tanto que, na noite de 9 de setembro de 1992, data de seu 26º aniversário, os 13.345 presentes no Parque São Jorge para assistir à vitória por 2 a 0 sobre o Juventus, em que Neto marcou o segundo gol, cantaram para ele o *Parabéns a Você*. Os momentos de idolatria, porém, já começavam a ser intercalados com os de tensão. No final daquele mesmo mês, em 30 de setembro, no Pacaembu, no empate por 1 a 1 diante do Guarani, Neto marcou um golaço de bicicleta no exato momento em que os alto-falantes do estádio anunciavam sua substituição pelo atacante Viola. Depois, em um desabafo contra parte da torcida, que o vaiava naquele jogo, tirou a camisa ainda dentro do gramado e acabou expulso pelo árbitro Ílton José da Costa.

Em 1993, Neto já dividia sua condição de ídolo com o goleiro Ronaldo, um de seus maiores amigos, e o centroavante Viola. Seguia ausente de vários jogos em virtude de uma contusão no joelho, mas, ainda assim, foi fundamental para que o Corinthians eliminasse o São Paulo em uma partida decisiva da fase semifinal do Paulista, vencida por 1 a 0 com um gol dele, Neto, que já havia desperdiçado um pênalti, defendido por Zetti. Os são-paulinos reclamaram que Neto estaria impedido naquele lance. A final foi contra o Palmeiras. O Corinthians ainda venceu a primeira partida por 1 a 0, com o famoso gol que Viola comemorou imitando um porco. Mas a derrota por 4 a 0 na segunda partida (3 a 0 no tempo normal e 1 a 0 na prorrogação, na qual o Palmeiras ainda jogava pelo empate) acabou tirando o rival de uma espera pelo título que já entrava em seu 17º ano. Neto jogaria ainda mais duas partidas pelo Corinthians, durante o ressuscitado Torneio Rio-São Paulo. Na primeira delas, marcou os dois gols na vitória por 2 a 1 sobre a Portuguesa. Na última, a vitória foi por 1 a 0 sobre o Botafogo.

Com a contratação de quatro jogadores que formavam o Carrossel Caipira do Mogi Mirim – Válber, Leto, Rivaldo e Admílson –, Neto perde espaço no time e prestígio no clube. A nova derrota para o Palmeiras na decisão do Rio-São Paulo provoca a substituição do técnico Nelsinho Baptista por Mário Sérgio, que, como comentarista da TV Bandeirantes, nunca poupou críticas ao estilo de jogo do craque corintiano. "Eu sabia que não ia dar para trabalhar com o Mário Sérgio", lembra Neto. Ali encerrava-se seu primeiro ciclo no Parque São Jorge.

Em seguida, Neto rodou pelo Millionários, da Colômbia ("Ninguém impôs minha saída do Corinthians. Hoje me arrependo."), pelo Atlético Mineiro ("Com muita estrela junta, uma cobra pica a outra. Era eu, o Renato Gaúcho, o Gaúcho, o Luiz Carlos Winck, o Adílson...") e pelo Santos ("Tenho um orgulho enorme de ter vestido a camisa 10 que foi do Pelé."), tornando-se, assim, o segundo jogador em todos os tempos a atuar pelos quatro grandes clubes paulistas, o primeiro desde Cláudio Christóvam de Pinho, outro grande ídolo corintiano. Os outros clubes de Neto foram o Matsubara, do Paraná, e novamente o Guarani, em 1995; o Araçatuba, em 1996; o Etti Jundiaí e o Osan, de Indaiatuba (SP), em 1998; e o Deportivo Ital-Chacao, da Venezuela, em 1999. Lá, quatro meses depois de sua chegada, ao ver a falta de estrutura ("Não tinha vestiário, não tinha roupeiro."), Neto virou-se para sua segunda esposa, Fernanda, e falou: "Arruma as coisas aí, porque eu cansei de ver o Hugo Chávez na televisão". Voltou para o Brasil, deixando a chuteira, o passe, contrato, tudo. E decidiu: "Não jogo mais bola a partir de hoje".

Neto, porém, não encerrou a carreira sem realizar o sonho de vestir uma vez mais a camisa que melhor lhe caiu. No final de 1996, havia regressado ao Parque São Jorge, aos 30 anos e com pelo menos cinco quilos além de seu peso ideal. Para perdê-los, valeu tudo, inclusive participar da tradicional Corrida de São Silvestre, realizada em São Paulo, no último dia do ano. O ídolo maior, àquela altura, já era Marcelinho, e o time ia mal no Brasileiro. A torcida sempre pedia para Neto entrar, e ele de fato reestreou em um 0 a 0 contra o Sport, no Recife. Faria mais 20 jogos e um último gol, de falta, no empate por 1 a 1 com o Goiás, vestindo uma estranhíssima camisa de número 17. Em 1997, com a parceria envolvendo o Banco Excel e a contratação de craques como Túlio e Donizete, sobraram poucas oportunidades para Neto atuar. Mesmo assim, deu tempo de ser campeão paulista de 1997, como reserva. No início da temporada seguinte, um dos dez maiores ídolos corintianos de todos os tempos teve o desprazer de ver seu nome em uma lista de dispensáveis, escrito em um quadro pelo novo técnico, Vanderlei Luxemburgo, ao lado de outros que, nas palavras do próprio Neto "haviam feito muito pelo Corinthians", como o zagueiro Henrique e, depois, o goleiro Ronaldo. Passada mais de uma década, porém, o fenômeno Neto persiste, não só nos comentários desbocados da televisão e do rádio como também nos corações e mentes dos corintianos. E pode ser explicado pelo refrão simples que vinha das arquibancadas e se materializou na voz de Tom Zé:

Neeeeto,
Desperdício da nossa alegria
Neeeeeto,
Neeeeeeto, Ééééééééé tu, rebeldia...

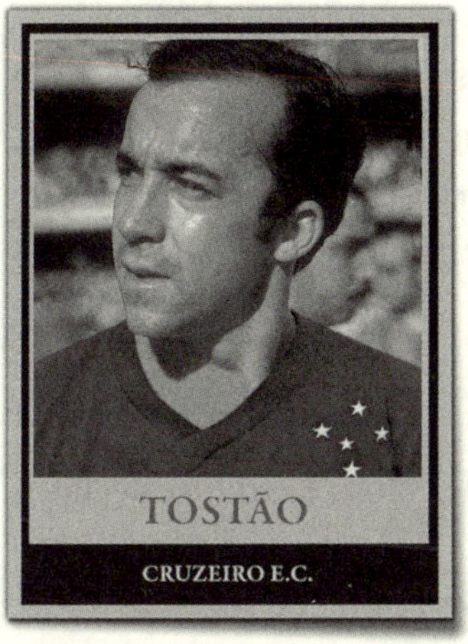

TOSTÃO

Nascido no dia 25 de janeiro de 1947, aos 6 anos de idade, em 1953, ele ainda era pequenininho como a velha moeda de níquel que inspirou seu apelido. Mas já jogava no meio de garotos de 10 anos, pela Associação Esportiva Industriários, do Conjunto Habitacional do Iapi, em Belo Horizonte, onde foi criado. Na época, Tostão era ponta-esquerda e só chutava com a canhota. É que havia machucado uma unha do pé direito e, desde então, o trauma permanecera. Somente se livraria dele em 1966, quando, já craque consagrado, resolveu ouvir os conselhos de Paulo Amaral, o preparador físico da Seleção Brasileira. Passou, então, a treinar 200 chutes por dia com o pé direito, logo depois de cada treinamento.

Eduardo Gonçalves de Andrade começou no futebol defendendo o América, time de seu pai. Para tê-lo no Cruzeiro, o então presidente Felício Brandi pagou 1,5 milhão de cruzeiros antigos. No dia da negociação, para ter certeza de que o negócio estava realmente fechado, Felício chegou a atrasar a cerimônia de seu próprio casamento. Afinal, um craque como Tostão valia qualquer sacrifício. Com ele formando um famoso tripé de meio-campo ao lado de Piazza e Dirceu Lopes, o Cruzeiro foi campeão estadual cinco vezes seguidas, de 1965 a 1969, e Tostão, o artilheiro em 1965 (17 gols), 1966 (18), 1967 (20) e 1968 (25). Mais que isso: ao bater o Santos de Pelé de virada, por 3 a 2, no Pacaembu, o clube mineiro conquistou a Taça Brasil de 1966, firmando-se definitivamente entre os grandes times nacionais.

Como estrela maior daquela constelação, Tostão também brilhava. Convocado para a Copa do Mundo de 1966, na Inglaterra, com apenas 19 anos, estreou marcando o gol de honra do Brasil na derrota por 3 a 1 para a Hungria. Foi um dos poucos poupados pela opinião pública após a desclassificação ainda na primeira fase. Nos três anos seguintes, sua vida na Seleção não foi fácil. Como jogava na mesma posição de Pelé, havia dúvidas sobre se jogadores de características e genialidade tão semelhantes poderiam atuar juntos. A resposta veio com o técnico João Saldanha, que, durante as eliminatórias para a Copa do México, deu a Tostão uma camisa de titular.

Tostão correspondeu, tornando-se o artilheiro do Brasil naquela fase pré-Mundial, com dez gols marcados. Considerado o herdeiro de Pelé, Tostão vivia um dos melhores momentos de sua carreira quando, em um jogo entre o Corinthians e o Cruzeiro, no Pacaembu, já no final de 1969, uma bolada do zagueiro corintiano Ditão raspou seu olho esquerdo. Houve descolamento de retina e Tostão teve de ser operado em Houston, nos Estados Unidos. Recuperado a tempo de disputar a Copa do Mundo no México, no ano seguinte, Tostão fez dois gols e abriu espaço para outros. Foi ele, por exemplo, o autor intelectual do gol da difícil vitória por 1 a 0 sobre a Inglaterra, marcado por Jairzinho. Tostão driblou Bobby Moore e, mesmo cercado por três ingleses, ainda conseguiu passar a bola para Pelé, que estava na marca do pênalti. Pelé serviu a Jairzinho, que, finalmente, chutou para marcar. Para a imprensa europeia, Tostão foi o melhor jogador daquela competição, a Fera de Ouro, título de um filme feito em sua homenagem naquele mesmo 1970.

Jogador politizado, Tostão era um dos poucos, naquela época, que tinham consciência e se posicionavam contra os desmandos da ditadura militar em vigência no país. Por isso, não aceitava métodos autoritários como os do técnico Yustrich e acabou sendo vendido ao Vasco, em 1972, por 2,5 milhões de cruzeiros (na época, 535 mil dólares), a mais alta soma paga até então por um jogador no Brasil. Menos de um ano depois, uma inflamação na retina operada levou-o novamente a Houston, para outra cirurgia. Por causa desse problema, Tostão teve de abandonar a carreira prematuramente, aos 26 anos.

Tornou-se, então, empresário. Adquiriu um posto de gasolina (que depois vendeu) e teve uma loja de artigos esportivos em sociedade com os irmãos. Depois, preferiu prestar vestibular para Medicina, mesmo tendo interrompido os estudos havia nove anos. Em 1981, Tostão formou-se pela Faculdade de Ciências Médicas de Belo Horizonte, tornando-se depois psicanalista e professor na mesma escola. Durante 11 anos, ele passou a imagem de um homem recluso, que se negava a falar sobre futebol e sobre seu passado. A partir de 1994, porém, virou comentarista esportivo na televisão. Hoje, assina colunas sobre futebol em jornais e revistas, tendo se tornado um dos mais competentes analistas dessa área. Manteve o apelido e a assinatura Tostão, passou a emitir opiniões que valem milhões, mas sempre deixando claro que elas não estão à venda por dinheiro nenhum.

CORINTHIANS
×
FLAMENGO

OS TIMES

CORINTHIANS
Em campo:
Gilmar, Zé Maria, Gamarra, Roberto Belangero, Wladimir, Dino Sani, Marcelinho Carioca, Ronaldo, Casagrande, Sócrates, Rivellino.

No banco:
Fred Rincón, Neto, Carlito Tevez.

FLAMENGO
Em campo:
Bruno, Leandro, Domingos da Guia, Rondinelli, Júnior,
Paulo César Carpegiani, Adílio, Zizinho, Leônidas da Silva, Zico, Dida.

No banco:
Jordan, Andrade, Cláudio Adão.

JORGE BEN JOR ESCALOU O FLAMENGO

O Flamengo de todos os tempos foi escalado pelo mundialmente conhecido compositor e cantor Jorge Ben Jor. Jorge é autor de muitos dos maiores clássicos da música brasileira sobre futebol e cantou o seu Flamengo em inúmeras canções. Ele recebeu o pedido dos 14 de todos os tempos, mas fez questão de mandar 22, acrescentando, além dos 14 escalados para esta partida, os nomes de Liminha, Carlinhos, Doval, Nunes, Toninho Baiano, Dequinha, Jadir e Manguito. Salve, simpatia!

O JOGO

O Corinthians de todos os tempos versus o Flamengo de todos os tempos parecia ser um jogo com muitas semelhanças.

Reuniria as duas maiores torcidas do Brasil: Corinthians e Flamengo; dois jogadores que tinham começado a carreira na mesma equipe: Zico e Marcelinho Carioca; e até mesmo dois chocolates concorrentes: Diamante Negro e Talento.

Mas, na verdade, as tais semelhanças eram mera coincidência, já que a superioridade corintiana em cada comparação só acentuava as diferenças.

Pra começar, enquanto a torcida do Corinthians era disparado a maior do Brasil, por ser formada por torcedores única e exclusivamente do Corinthians, a torcida do Flamengo, reconhecidamente a segunda maior, só possuía aquele tamanho graças ao fenômeno da terceirização dos torcedores: gente que é Náutico e Flamengo, Ceará e Flamengo, Bahia e Flamengo, Brasiliense e Flamengo, e assim por diante.

Na comparação Zico × Marcelinho, as diferenças também eram gritantes: enquanto Zico tinha iniciado no Flamengo e lá estagnado, perdendo a oportunidade de fazer uma carreira brilhante, Marcelinho Carioca iniciou no Flamengo mas progrediu.

Transferiu-se para o Corinthians e, assim, conquistou merecida projeção mundial.

Até mesmo na competição entre os chocolates a superioridade corintiana tinha muitos pontos de *share* de vantagem. Apesar do Diamante Negro, Leônidas da Silva, ter sido líder de mercado durante alguns anos, seus números já pertenciam ao passado. Depois do surgimento do Talento,

Sócrates, o Diamante Negro perdeu sua liderança para sempre. Sócrates, com um futebol muito mais saboroso e consistente, recheado com toques de calcanhar, tinha conquistado a preferência absoluta do consumidor.

O jogo foi realizado no Rio de Janeiro, tentando equilibrar o número de torcedores das duas equipes presentes no estádio, mas essa escolha, feita a pedido dos dirigentes rubro-negros e generosamente aceita pelos dirigentes alvinegros, não surtiu o efeito desejado pelos flamenguistas.

Nesse dia, acabou ocorrendo a famosa invasão corintiana do Rio de Janeiro e, assim, quando os flamenguistas começaram a chegar ao estádio, ao meia-dia, para a partida que começaria às quatro da tarde, 70% das instalações já estavam tomadas pela massa alvinegra, que ostentava uma enorme faixa com os dizeres: "Cariocas, Bem-Vindos ao Maracanã".

Iniciada a partida, o Corinthians começou a envolver o Flamengo com toques rápidos e, apesar de as expectativas se concentrarem particularmente no duelo entre Zico e Marcelinho Carioca, quem brilhava do lado do Flamengo eram os goleiros Bruno (com defesas brilhantes em campo) e Raul Plasman (com comentários pertinentes nas cabines de televisão).

Já pelo lado corintiano, o destaque era Ronaldo, que, pelo fato de ter nascido no Rio de Janeiro, tinha sido acusado, certa vez, de ter sido flamenguista na infância e, por isso mesmo, fazia questão de mostrar nesse jogo que era corintiano desde criancinha. Apesar de ter começado em São Cristóvão, seu negócio era mesmo São Jorge.

Numa de suas lindas jogadas, Ronaldo cortou Mozer na entrada da área, viu Bruno um pouco adiantado e tocou de esquerda por cobertura, fazendo o primeiro gol. (Raul comentou ser um toque indefensável.)

Gols assim eram uma tradição de Ronaldo, que treinava sua feitura particularmente em partidas contra equipes de balneários, como o Santos Futebol Clube.

Ronaldo já tinha feito quatro iguais naquele ano, e a jogada que consistia da suave subida da bola por cima do goleiro seguida pela descida dentro do gol tinha sido apelidada pelos locutores esportivos, se utilizando de um duplo sentido que misturava as características físicas de Ronaldo e seu toque suave, de "ultraleve".

Leônidas, o Diamante Negro, também tinha criado uma jogada apelidada com nome de veículo: a "bicicleta". Mas, bem marcado por Gamarra, suas duas tentativas de bicicleta se transformaram em verdadeiros velocípedes, com a bola morrendo no meio da área corintiana nos pés de Roberto Belangero, que imediatamente tocava para Rivellino na intermediária, e este, depois de um elástico em Adílio ou Carpegiani, lançava o Talento Sócrates, que partia velozmente para o gol adversário. Enfim, um verdadeiro chocolate.

Numa dessas jogadas, Sócrates invadiu a área, tocou para Ronaldo, recebeu de volta e tocou de calcanhar, fazendo o segundo gol. Na outra, foi aterrado por Júnior antes de entrar na grande área. O juiz marcou a falta, Marcelinho bateu e fez o terceiro.

O time inteiro do Flamengo se desesperou, com exceção de Zico, que, sempre dedicado, estudioso e profissional, aproveitou para observar atentamente a cobrança de Marcelinho e aprender um pouco a respeito da arte de bater faltas da entrada da grande área.

No segundo tempo, o jogo arrefeceu. O time do Flamengo parecia conformado com o resultado, e os jogadores e torcedores corintianos, ansiosos pelo final da partida.

Todos sabiam da vontade das Garotas de Ipanema, do Leblon, do Leme e de Copacabana por um contato mais íntimo com aqueles paulistas charmosos e corintianos. O comentário das cariocas era de que, do Leme ao Pontal, não havia nada igual. Assim que o juiz apitou, jogadores e torcedores corintianos partiram para o encontro com as ávidas e fogosas jovens cariocas. Mas nem todos: os sempre sérios e compenetrados integrantes da bateria da Gaviões da Fiel foram até a Mangueira, atendendo a insistentes pedidos do seu presidente, Ivo Meireles, para ministrar um workshop de surdo, repique, cuíca, agogô e tamborim aos integrantes da bateria mangueirense.

NOTAS DE RODA-OS-PÉS

• Segundo a pesquisa publicada pelo jornal esportivo *Lance!* em 2004, o Flamengo e o Corinthians têm as duas maiores torcidas do Brasil. O Flamengo, 33 milhões de torcedores, e o Corinthians, 24 milhões de torcedores. Realmente o número de brasileiros – particularmente no Norte e no Nordeste do país – que têm o Flamengo como seu segundo time de coração é gigantesco, fruto ainda dos tempos da Rádio Nacional, fato que, certamente, distorce a pesquisa.

• Zico não só foi o maior ídolo e vencedor do Flamengo como também fez carreira brilhante na Seleção Brasileira e na Udinese, da Itália. Chegou até mesmo a ser vice-artilheiro do campeonato italiano em 1984. Marcelinho foi o craque corintiano que mais títulos conquistou, um dos maiores artilheiros da equipe, mas, na Seleção Brasileira e no futebol internacional, não obteve o mesmo destaque de Zico.

• O chocolate Diamante Negro, lançado em 1940, pela Lacta, teve seu nome inspirado em Leônidas da Silva. O chocolate Talento, apesar de não ter sido inspirado em Sócrates, é um dos grandes sucessos da Chocolates Garoto.

• A famosa "Invasão Corintiana do Rio de Janeiro" ocorreu em 1976 no jogo pelas semifinais do Brasileirão daquele ano, entre o Corinthians e o Fluminense. A faixa "Cariocas, Bem-Vindos ao Maracanã" realmente foi colocada no estádio pelos corintianos naquele dia.

• Ronaldo sempre se declarou flamenguista desde criançinha. Mas em 2009, depois que foi para o Corinthians, virou corintiano, como são corintianos seu filho Ronald e a mãe de Ronald, Milene Rodrigues, que chegou até a jogar pelo Corinthians, quando foi eleita "A Rainha das Embaixadinhas".

• Ronaldo fez o famoso gol de fora da área, aproveitando o fato de o goleiro estar adiantado, na partida Corinthians × Santos pelo Campeonato Paulista de 2009, conquistado pelo Corinthians com atuações espetaculares de Ronaldo. O goleiro que tomou o gol foi o santista Fábio Costa.

• Raul Plasman foi o goleiro que mais títulos importantes conquistou pelo Flamengo, incluindo o Mundial de Clubes de 1981. Hoje, é comentarista do Canal SporTV.

• A bicicleta foi criada por Leônidas da Silva, em 1931. Seu primeiro gol de bicicleta foi na partida Bonsucesso 5 × 2 Esporte Clube Carioca, em 31 de maio de 1931. Leônidas, naquela época, jogava pelo Bonsucesso.

• Marcelinho Carioca (67) e Zico (84) foram dois dos maiores cobradores de faltas da entrada da grande área da história do futebol mundial. Os dois, somados, fizeram mais de 150 gols nessas cobranças.

• "Do Leme ao Pontal", na voz de Tim Maia, é um dos maiores sucessos da MPB de todos os tempos.

MARCELINHO CARIOCA

No Corinthians daquele começo de 1994, todas as atenções estavam voltadas para Casagrande, o ex-garoto-prodígio dos tempos da Democracia Corinthiana, que, aos 31 anos, estava de volta ao clube. Baixinho (1,65 metro), magrinho (pouco mais de 60 quilos), dono de um bigodinho ralo, com apenas 21 anos, o jovem Marcelinho, meia-atacante vindo do Flamengo, era apenas mais uma entre as novidades no grupo. No entanto, acabaria se tornando simplesmente o jogador mais vencedor da fase mais vencedora do primeiro século de história corintiana.

Contando apenas seus oito troféus oficiais (quatro Campeonatos Paulistas, dois Brasileiros, um Mundial e uma Copa do Brasil), ele está empatado no ranking da história corintiana com outros três jogadores: o atacante Neco (campeão paulista em 1914 e 1916 e duas vezes tri, em 1922/23/24 e 1928/29/30), o zagueiro Del Debbio (duas vezes tricampeão paulista, em 1922/23/24 e em 1928/29/30, e campeão em 1937 e 1939) e o lateral-esquerdo Kléber, que chegou a ser companheiro de Marcelinho (campeão mundial em 2000, brasileiro em 1998 e 1999, da Copa do Brasil e do Rio-São Paulo em 2002 e paulista em 1999, 2001 e 2003). Porém, no cômputo geral das conquistas, sejam elas oficiais ou não, ninguém foi mais vencedor do que Marcelinho nestes quase cem anos de Corinthians. Em suas três passagens pelo clube – de 1994 a 1997, quando saiu por apenas seis meses para jogar no Valencia, da Espanha; de 1998 a 2001; e em um curtíssimo período em 2006 –, ele contabiliza nada menos que dez troféus. Naquele mesmo 1994 em que chegou, foi campeão da Copa Bandeirantes, torneio que assegurou a presença corintiana na Copa do Brasil do ano seguinte. Em 1995, venceu o Paulista e a Copa do Brasil. Em 1996, ganhou o Troféu Ramón de Carranza, na Espanha. Em 1997, faturou novamente o título paulista. Em 1998 e 1999, foi bicampeão brasileiro e, em 1999, outra vez campeão paulista. Em 2000, levantou o Mundial de Clubes da Fifa, disputado no Brasil, e em 2001 conquistaria seu último troféu, mais uma vez no Campeonato Paulista. Marcelinho é também o único nome da era contemporânea a figurar entre os maiores artilheiros do clube em todos os tempos, na quinta posição, com 206 gols, comemorados com os braços abertos, girando-os no ar ou apontando o céu, em agradecimento pela graça alcançada. Entre os jogadores que mais atuaram pelo Corinthians, ele é o 13º, com 432 jogos. Tão marcantes quanto essas conquistas em campo, só mesmo as polêmicas em que acabou se envolvendo, às vezes dentro, às vezes fora dele.

Como o apelido de seus primeiros tempos de Corinthians já explicava, Marcelo Pereira Surcin é carioca, nascido no dia 31 de dezembro de 1971 (embora muitas reportagens a seu respeito teimem em registrar a data de 1º de fevereiro daquele mesmo ano), em uma modesta casa de dois quartos no bairro pobre de Sulacap, na zona oeste do Rio. Lá, passou toda a infância, "com medo de virar anão quando fosse adulto", como lembra a mãe, Sueli Pereira da Silva. Seu pai, Adílson Surcin, havia jogado como lateral-esquerdo, com o nome de Coquinho, nas categorias de base do Fluminense. Aos 7 anos, Marcelinho já pegava no batente, ao lado dos dois irmãos, recolhendo garrafas vazias de refrigerante na praia. Depois, foi vendedor de picolés e padeiro.

Começou a jogar futebol no Madureira, em outubro de 1986, e ainda aos 15 anos foi levado ao Flamengo. Dois anos depois, quando ainda jogava no juvenil, Marcelinho começou a ser observado por Telê Santana, que o promoveu para o time profissional. Pelo Flamengo, Marcelinho exibiu um bom futebol. Foi campeão da Copa do Brasil em 1990 e do Brasileiro em 1992. Mas também criou muita confusão. Durante uma excursão à Europa, chegou a entrar em combate corporal com o diretor de futebol Vinícius França. Criticou o técnico Carlinhos, foi afastado do elenco e, na volta, recusou-se a ficar no banco em uma partida contra o Vasco. Foram esses motivos – mais extracampo do que técnicos – que levaram a diretoria do Flamengo a negociar um jogador tão promissor com o Corinthians naquele final de 1993.

Ao chegar ao Parque São Jorge, sua preocupação com o marketing já era tanta que rejeitou o adjetivo "Carioca" junto de seu nome para diferenciá-lo do Marcelinho volante, que já estava na equipe. Assim, foi o outro que teve de virar Marcelinho Paulista, ou, ainda, Marcelinho Souza. Estreou junto com todos os outros novos jogadores do elenco em um amistoso contra o Comercial de Ribeirão Preto, na noite de quarta-feira, 19 de janeiro de 1994, no Pacaembu, com vitória por 1 a 0. O jogo seguinte, já pelo Campeonato Paulista, foi contra a Portuguesa, também no Pacaembu. O Corinthians ganhou por 3 a 1, e Marcelinho marcou o primeiro de seus 52 gols de falta pelo alvinegro.

A idolatria da torcida corintiana por Marcelinho consolidou-se de vez em 1995. O ano havia começado mal para o craque, com a volta do técnico Mário Sérgio, um de seus muitos desafetos. Quando Mário Sérgio saiu para dar lugar a Eduardo Amorim, Marcelinho decolou. Foi em um clássico contra o Palmeiras, ainda pela primeira fase daquele Paulistão de 1995, que ele se firmou de vez na condição de ídolo corintiano. O rival havia terminado o primeiro tempo vencendo por 1 a 0, com um gol do lateral-esquerdo Roberto Carlos. Aos 25 minutos da segunda etapa, houve uma falta, de longe, para o Corinthians. Enquanto tomava distância para bater, o jogador preocupava-se mais com seu pai, que estava nas numeradas do Pacaembu discutindo com alguns torcedores que xingavam seu filho. Naquele momento, Marcelinho, evangélico convertido desde 1989, diz ter ouvido uma voz: "Jesus me disse para bater de três dedos". Velloso, o goleiro palmeirense, nem viu onde a bola entrou, empatando o jogo. No último minuto, Tupãzinho abriu as pernas e ela sobrou limpa para Marcelinho mais uma vez marcar. Corinthians 2, Palmeiras 1: nascia ali a mística do "Pé de Anjo".

O Corinthians ia avançando tanto no Campeonato Paulista quanto na Copa do Brasil. Acabaria ganhando os dois títulos, com Marcelinho no papel de herói nas finais de ambos. A decisão da Copa do Brasil foi contra o forte Grêmio do técnico Luiz Felipe Scolari, o Felipão. O primeiro jogo, no Pacaembu, em uma noite de quarta-feira, ia caminhando para um perigoso empate por 1 a 1, gols de Viola – abrindo a contagem para o Corinthians no primeiro tempo – e Luís Carlos Goiano – empatando para o Grêmio já na metade da segunda etapa. Marcar pelo menos um gol fora de casa (primeiro critério de desempate previsto pelo regulamento no caso de igualdade no saldo de gols daquelas finais) era tudo que os gaúchos queriam para, em seguida, impor seu futebol de força no jogo da volta, em Porto Alegre. Mas, aos 26 minutos, apenas seis depois de o Grêmio ter empatado, houve uma falta nas proximidades da área do goleiro gremista Danrlei. E Marcelinho, mais uma vez, decidiu tudo: Corinthians, 2 a 1. Na volta, no estádio Olímpico, exatos sete dias depois, o time defendeu-se como pôde e, em um contra-ataque, fez o gol da vitória, de novo pelos pés de Marcelinho. O Corinthians, que viajara podendo até empatar, era pela primeira vez o campeão da Copa do Brasil.

Um mês e meio depois, outra decisão, agora a do Campeonato Paulista, contra o Palmeiras. Vencer era uma questão de honra, pois o Corinthians já havia sido derrotado por seu maior rival em três finais seguidas, no Paulista e no Rio-São Paulo de 1993 e no Brasileiro de 1994. Além disso, àquela altura, Corinthians e Palmeiras estavam empatados no número de conquistas na história do Paulistão, com 20 troféus cada um. Assim, quem ganhasse passaria a ser considerado o "campeão dos campeões" de São Paulo. Com o Morumbi fechado para reformas, os dois jogos foram marcados para o Estádio Santa Cruz, em Ribeirão Preto, em dois domingos. Neles, Marcelinho mais uma vez desequilibrou. Na primeira partida, foi dele o gol que abriu a contagem, aos 15 minutos do segundo tempo, e que só não garantiu a vitória corintiana porque Nilson empatou para o Palmeiras já nos acréscimos. Na segunda, era o Palmeiras quem ganhava por 1 a 0, com outro gol de Nilson. Então, aconteceu uma falta perto da meta de Velloso, sinônimo de gol para quem tinha Marcelinho. Com a mesma maestria de sempre, ele colocou a bola longe do alcance não só do goleiro como também do atacante palmeirense Müller, que, postado em cima da linha, ainda tentou salvar com a cabeça, mas não conseguiu. Na prorrogação, o empate já garantiria a taça ao Corinthians, mas Elivélton ainda fez o gol da vitória por 2 a 1, a primeira do Corinthians em jogos decisivos diante do velho rival.

O ano de 1996 só valeu mesmo pelo golaço marcado contra o Santos em um jogo do Campeonato Paulista na Vila Belmiro. Era a tarde de 11 de fevereiro, e o placar apontava 1 a 1 (terminaria 2 a 2), quando Marcelinho recebeu um passe de Tupãzinho na meia-lua da grande área, deu um chapéu de letra no zagueiro santista Ronaldo e bateu para o gol antes que a bola caísse no chão, fuzilando o goleiro Edinho, o filho de Pelé. Presente àquela partida, o próprio Rei do Futebol quis prestar uma homenagem ao golaço de Marcelinho colocando uma placa na Vila Belmiro. A ideia, claro, foi imediatamente rejeitada pela diretoria santista. Mesmo em um dia de glória como aquele, Marcelinho não conseguiu escapar de confusão: acabaria multado em 3 mil reais pela Federação Paulista de Futebol por ter feito gestos com a mão insinuando que o árbitro Flávio de Carvalho estaria roubando o Corinthians.

No início de 1997, duas sombras ameaçavam Marcelinho na condição de ídolo maior dos corintianos: Neto, o "Eterno Xodó da Fiel", de volta, aos 30 anos de idade, e o goleador Túlio, contratado pelos milhões da parceria com o Banco Excel. Se Neto, longe de sua melhor forma física, já não representava grande perigo, Túlio tornou-se uma ameaça. "Os outros atletas e o próprio Nelsinho *(Baptista, técnico do Corinthians na época)* é que se levantaram contra Túlio", dizia Marcelinho, defendendo-se das acusações de que ele, sim, teria boicotado o novo companheiro. "Ele foi uma pessoa rejeitada pelo grupo, porque queria todo o marketing para si, e uma equipe de futebol não pode girar em torno de uma pessoa." Com Túlio no banco e Marcelinho jogando, o Corinthians colecionou mais um título paulista, empatando o último jogo com o São Paulo por 1 a 1. Logo depois, Marcelinho era negociado com o Valencia, da Espanha, por 7 milhões de dólares.

Em pouco mais de seis meses na Espanha (de 6 de julho de 1997 a 27 de janeiro de 1998), Marcelinho jogou apenas duas partidas inteiras e não fez gols. Para facilitar seu retorno, abriu mão de metade dos 15% a que teria direito, equivalentes a 600 mil dólares, e tornou-se a principal estrela da promoção "Eu vou jogar no Paulistão 98", da Federação Paulista de Futebol. Durante 11 dias, para definir o futuro do jogador, os torcedores do Corinthians, do Palmeiras, do Santos e do São Paulo telefonaram para números diferentes de um 0900 chamado Disk Marcelinho, ao custo de três reais por ligação. Foram 62,5% de telefonemas para o Corinthians, 20,3% para o São Paulo, 9,5% para o Santos e 7,7% para o Palmeiras.

Novamente corintiano, na campanha do título brasileiro de 1998, Marcelinho fez 19 dos 57 gols do Corinthians. Ficou apenas dois atrás do santista Viola, o artilheiro do campeonato, com 21, e deixou sua marca nos três jogos da decisão contra o Cruzeiro. Na primeira partida, em Belo Horizonte, marcou o gol do empate por 2 a 2 em um jogo que o time mineiro estava vencendo por 2 a 0. No segundo jogo, em São Paulo, fez o gol corintiano no empate por 1 a 1. Finalmente, na terceira e decisiva partida, deu a senha para o início da festa do título, marcando o segundo gol nos 2 a 0 que valeram a taça. Em 1999, Marcelinho seguia resolvendo e ganhando títulos. Mais uma vez ajudou o Corinthians a ser campeão nacional, ou melhor, bi. Fez 15 dos 61 gols do time e naquele ano superou Sócrates na condição de maior artilheiro corintiano na história dos Brasileiros, com 47 gols (chegaria aos 52). Mas, dessa vez, não deixou sua marca nas redes adversárias em nenhum dos três jogos contra o Atlético-MG que valeram a taça – derrota por 3 a 2 em Minas, vitória por 2 a 0 em São Paulo e empate por 0 a 0 também no Morumbi. Mas, aos 29 minutos do primeiro tempo dessa terceira partida, Velloso, agora o goleiro atleticano, um velho freguês desde os tempos em que jogava no Palmeiras, viu, assustado, uma cobrança de falta de Marcelinho estourar em seu travessão. Só para não perder o costume.

Na decisão do I Mundial de Clubes da Fifa, disputada contra o Vasco, no Maracanã, em janeiro de 2000, Marcelinho esteve a um passo de se tornar vilão. Após o empate por 0 a 0 no tempo normal, os dois times brasileiros disputaram aquela glória internacional nos pênaltis. O Corinthians estava na frente, 4 a 3, e, se Marcelinho convertesse a sua cobrança, nem haveria necessidade de o Vasco cobrar sua última. Mas Helton, o goleiro vascaíno, defendeu. Para a sorte do Pé de Anjo, Edmundo também errou, chutando para fora. E o Corinthians de Marcelinho foi campeão mundial.

A história se repetiria menos de seis meses depois. Dessa vez, eram Corinthians e Palmeiras nas semifinais da Libertadores brigando por um lugar na decisão contra o Boca Juniors, da Argentina. No primeiro jogo, deu Corinthians, 4 a 3. No segundo, em que o empate já bastaria para classificar o Timão, Euller fez 1 a 0 para o Palmeiras, Luizão empatou graças a um cruzamento de Marcelinho e, depois, virou o jogo com mais um gol para o Corinthians. Alex voltou a empatar e Galeano fez Palmeiras 3 a 2. A decisão foi para os pênaltis, e ninguém dos dois lados errava, até que chegou a vez de Marcelinho chutar. Marcos, o goleiro palmeirense, pegou no canto inferior direito. "Assumo toda a responsabilidade", disse o craque corintiano após aquele jogo fatídico. Algum tempo depois, confessaria: "Fiquei uns dias sem colocar o pé para fora de casa depois daquela derrota para o Palmeiras. Sabia o que me esperava".

Mas a vida de Marcelinho no Corinthians ainda continuou. No ano seguinte, 2001, ele marcou seu gol número 200 com a camisa alvinegra, na goleada por 8 a 1 sobre o Flamengo do Piauí, em Teresina, pela Copa do Brasil. Com Vanderlei Luxemburgo de volta ao comando, o time se sagraria novamente campeão paulista. Nos últimos segundos da semifinal contra o Santos, Marcelinho, estrategicamente, abriu as pernas e deixou a bola passar para Ricardinho fazer os 2 a 1 que garantiram a presença corintiana em mais uma decisão, contra o Botafogo de Ribeirão Preto. No primeiro jogo, fora de casa, foi Marcelinho quem abriu o caminho para mais aquele troféu, marcando dois gols na vitória por 3 a 0, um de falta e outro com a bola rolando. No segundo jogo, no Morumbi, bastou o 0 a 0 para botar mais aquela faixa no peito.

Como em 1995, o Corinthians e Marcelinho tinham a chance de, em um curto período de tempo, faturar também a Copa do Brasil. Mas dessa vez não foi isso que aconteceu. Apático, o time perdeu o título e o segundo jogo da final para o Grêmio por 3 a 1, no Morumbi. Depois, falou-se que, na véspera daquele jogo, Luxemburgo teria sido acordado por um de seus homens de confiança dizendo que havia "mulheres suspeitas" no hotel em que a equipe estava hospedada. Furioso, o técnico teria despertado todos os jogadores à 1 hora da manhã para depois constatar que não havia mulher nenhuma. Seguiram-se acusações entre os jogadores, que culminariam em uma briga com Ricardinho e na saída de Marcelinho do Corinthians.

Após rápidas passagens pelo Santos e pelo Gamba Osaka, do Japão, Marcelinho seria, ainda, campeão carioca e mais uma vez Bola de Prata de *Placar* jogando pelo Vasco, em 2003. Em seguida, foi para o Al Nassr, da Arábia Saudita, voltou para o Vasco, passou pelo Ajaccio, da França, e pelo Brasiliense. Em 2006, voltou ao Corinthians para sua terceira e última passagem. "A camisa do Corinthians já se tornou minha segunda pele", disse na época. "Nem que eu queira, ela nunca vai sair de mim." Depois de pouco jogar (apenas cinco partidas) e não marcar mais nenhum gol, teve seu contrato rescindido a pedido do então técnico corintiano Emerson Leão."

Após anunciar o fim de sua carreira, Marcelinho começou a cursar jornalismo e foi contratado como comentarista pela Rede Bandeirantes de Televisão. Em junho de 2007, tentou uma vez mais voltar ao Corinthians, declarando ter recebido uma proposta do técnico Paulo César Carpegiani. Não deu certo. Naquele mesmo mês, o ídolo anunciava seu retorno ao futebol, agora pelo Santo André, o qual, em 2008, seria campeão da Série A-2 do Paulista e conseguiria o acesso para a Série A do Campeonato Brasileiro. Nos jogos contra o Corinthians, costumava confraternizar com a Fiel, para quem jogava beijos e recebia de volta calorosos aplausos.

Reza a lenda que, ao negociá-lo com o Corinthians, Luís Augusto Veloso, o então presidente do Flamengo, teria avisado os dirigentes alvinegros: "Vocês têm certeza de que querem levar o Marcelinho? É o mesmo preço do Marquinhos (500 mil dólares), que é o bom de bola. O Marcelinho vai dar dor de cabeça...". Entre as alegrias e tristezas desse tumultuado relacionamento, o corintiano parece não ter dúvida de que valeu a pena. Senão, Marcelinho não teria sido escolhido entre os dez maiores ídolos do time em todos os tempos. Nem teria seu nome saudado pela torcida até hoje com um grito de agradecimento criado só para ele: "Uh, Marcelinho... Uh, Marcelinho...".

ZICO

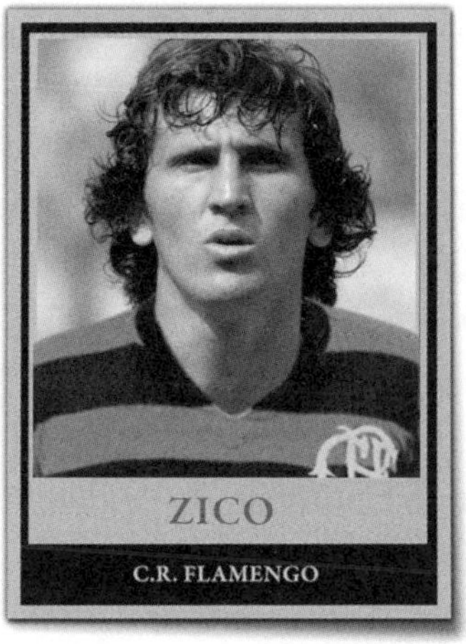

Do nome, Arthur, veio o diminutivo, Arthurzico, e daí o apelido que o consagrou: Zico. No entanto, para o locutor Waldir Amaral, aquele garoto que, apesar de franzino, conseguia correr o campo todo em seus primeiros jogos com a camisa do Flamengo, em 1971, mais parecia um galo. Um Galinho de Quintino, bairro do subúrbio onde ele morava. Já algumas enciclopédias internacionais de futebol não fazem por menos: para elas, Zico foi nada menos que o "White Pelé" (o "Pelé branco").

Nascido no Rio de Janeiro, no dia 3 de março de 1953, ele chegou para treinar no Flamengo em 1967, aos 14 anos de idade, levado pelo radialista Celso Garcia. Os irmãos mais velhos, Edu e Antunes, já jogavam no América, mas o garoto, rubro-negro, preferiu procurar seu clube do coração. Driblava curto, protegia bem a bola em velocidade, mostrava excelente visão de jogo e já era um excepcional cobrador de faltas. Mas tinha um problema sério: media apenas 1,55 metro e pesava pouco mais de 37 quilos, insuficientes, portanto, para a prática do futebol. Por isso, Zico teve de se submeter a um tratamento à base de vitaminas e musculação. Sete anos depois, em 1974, já media 1,77 metro e pesava 66 quilos. E estava pronto para assumir a camisa 10 rubro-negra. Naquele mesmo ano, foi campeão carioca (sua primeira conquista como titular, pois havia participado de apenas duas partidas na vitória de 1972), além de artilheiro da competição, com 49 gols.

Pelo Flamengo, Zico ganhou tudo o que é possível. O maior ídolo da história do clube, com 508 gols marcados em 730 jogos, foi campeão do Estado (sete vezes, em 1972, 1974, 1978, 1979, 1979/Especial, 1981 e 1986), do país (tem quatro títulos brasileiros, conquistados em 1980,

1982, 1983 e 1987), do continente (Libertadores, em 1981) e do mundo (Mundial Interclubes, em 1981). Em 1982, acabou de vez com a história de que era jogador "só de Maracanã" ao marcar três vezes nos 3 a 2 sobre o Guarani, em Campinas, que levaram o Flamengo a disputar e vencer o título brasileiro daquele ano, contra o Grêmio. Foi artilheiro nos Cariocas de 1975 (com 30 gols), 1977 (27), 1978 (19), 1979/Especial (34), 1979 (26) e 1982 (21); nos Brasileiros de 1980 e 1982, ambas as vezes com 21 gols; e na Copa Libertadores de 1981, com 11 gols, incluindo os dois da vitória por 2 a 0 sobre o Cobreloa, do Chile, na terceira partida da final, que garantiu o inédito título para o Flamengo. Com Zico no time, em apenas 20 dias, o rubro-negro faturou o Campeonato Carioca, a Libertadores e o Mundial, derrotando os ingleses do Liverpool por 3 a 0, em Tóquio. Naquele dia, Zico, o melhor em campo, ganhou um automóvel.

Em sua rápida passagem pela Udinese, da Itália, Zico marcou 57 gols, 17 deles de falta. Não ganhou títulos, porém, mesmo atuando por uma equipe modesta (nona colocada), conseguiu a proeza de terminar a temporada 1983/84 na vice-artilharia, com 19 gols. Apenas um atrás de Michel Platini, que jogou seis partidas a mais e pertencia à poderosa Juventus, de Turim, a campeã daquele ano.

"E agora como é que eu fico, nas tardes de domingo, sem Zico no Maracanã?", cantou Moraes Moreira quando soube que o craque partiria para a Itália, em 1983. Em 1985, o mesmo compositor teve a satisfação de anunciar em seus versos: "Volta o Galinho de Quintino ao seio do seu celeiro, num gol de tantos meninos, pro grito do brasileiro, que um dia, aflito, assistiu ao seu maior artilheiro marcar fora do Brasil e ser glória no estrangeiro". A alegria, porém, durou pouco. Tudo por causa de uma entrada desleal do zagueiro Márcio Nunes em Zico, em um jogo do Flamengo contra o Bangu, pelo Campeonato Carioca daquele mesmo ano. Diagnóstico: torção nos dois joelhos, no tornozelo e no perônio (fíbula) esquerdos. Depois daquilo, Zico teve de passar por quatro cirurgias.

Pela Seleção Brasileira, Zico jogou e perdeu três Copas do Mundo. Na primeira delas, na Argentina, em 1978, chegou a marcar um gol que seria o da vitória, de cabeça, após uma cobrança de escanteio, na estreia, contra a Suécia. Mas o árbitro Clive Thomas, do País de Gales, alegou ter encerrado a partida enquanto a bola viajava no ar e não validou o lance, confirmando o empate por 1 a 1. Nessa competição, apesar de ter participado de seis jogos e de ter marcado um gol (de pênalti, contra o Peru), Zico não estava bem fisicamente e acabou perdendo a posição para Jorge Mendonça.

Em sua segunda Copa, na Espanha, em 1982, Zico brilhou ao lado de Falcão e Sócrates, mas deu azar no jogo contra a Itália. O juiz israelense Abraham Klein não viu o pênalti de Gentile cometido sobre Zico. Ele chegou até a rasgar a camisa do brasileiro. No fim, o Brasil perdeu por 3 a 2 e foi desclassificado. Na terceira Copa, no México, em 1986, Zico ainda lutava para se recuperar dos problemas no joelho. Pouco jogou – apenas alguns minutos contra a Irlanda do Norte, a Polônia e a França. Na terceira dessas oportunidades, perdeu, ainda no tempo normal de jogo, o pênalti que poderia ter carimbado o passaporte brasileiro para as semifinais, defendido pelo goleiro francês Joel Bats. Permaneceu o empate por 1 a 1, e, na disputa por pênaltis, o Brasil foi desclassificado.

Na volta ao Flamengo, Zico ganharia ainda mais um Campeonato Carioca, em 1986, e a Copa União de 1987, que foi, na prática, o Campeonato Brasileiro daquele ano. No dia 2 de dezembro de 1989, em Juiz de Fora (MG), Zico fez sua última partida pelo Flamengo, uma goleada por 5 a 0 sobre o Fluminense, pelo Campeonato Brasileiro. Despediu-se com um belo gol de falta.

Entre 1990 e 1991, o cidadão Arthur Antunes Coimbra ocupou o cargo de secretário de Desportos do governo Collor. Criou a Lei Zico, que, como a Lei Pelé, propunha a extinção do passe e acabou desfigurada no Congresso Nacional. Desiludido com a política, Zico partiu para o Japão. Primeiro, deveria apenas passar *know-how* para a criação da J-

League, a liga profissional japonesa, em 1993. Depois, acabou convencido a entrar em campo pelo Sumitomo, que mais tarde viraria o atual Kashima Antlers. Tornou-se ídolo também do outro lado do mundo. Encerrada definitivamente a carreira de jogador, ele voltou ao Brasil para montar o Centro de Futebol Zico, escolinha que evoluiu para o clube-empresa CFZ, do Rio, que, atualmente, disputa a segunda divisão do Campeonato Carioca. Em sua última passagem pela Seleção Brasileira, Zico foi coordenador técnico, trabalhando ao lado de Zagallo na Copa do Mundo de 1998, na França. Como técnico, treinou o Kashima Antlers; o CFZ; a seleção japonesa na Copa do Mundo de 2006, na Alemanha; o Fenerbahçe, da Turquia; o Bunyodkor, do Usbequistão; e o CSKA Moscou, da Rússia.

Apesar dos dois apelidos no diminutivo (Arthurzico e Galinho), Arthur Antunes Coimbra, o Zico, sempre se mostrou – como jogador, treinador e cidadão – um Arthur com h e um homem com H maiúsculo.

CORINTHIANS × PALMEIRAS

OS TIMES

CORINTHIANS

Em campo:
Gilmar, Zé Maria, Gamarra, Roberto Belangero, Wladimir, Dino Sani, Fred Rincón, Roberto Rivellino, Marcelinho Carioca, Ronaldo, Sócrates.

No banco:
Neto, Casagrande, Carlito Tevez.

PALMEIRAS

Em campo:
Marcos, Djalma Santos, Luís Pereira, Waldemar Fiume, Dudu, Rodrigues, Julinho Botelho, Rivaldo, Vavá, Ademir da Guia, Chinezinho.

No banco:
Leivinha, Mazinho, Aquiles.

JOSÉ SERRA ESCALOU O PALMEIRAS

O Palmeiras de todos os tempos foi escalado pelo governador do Estado de São Paulo e fundador do PSDB, José Serra, que, mesmo correndo o risco de perder alguns votos, em matéria de futebol jamais fica em cima do muro: é Palmeiras fanático e assumido.

José Serra originalmente elegeu bem mais do que 14 craques alviverdes de todos os tempos e justificou a sua escolha dizendo: "É dificílimo montar um time dos melhores da história, até porque tenho dois vazios: antes de nascer até uns 7 anos de idade e os 14 anos de exílio. Minhas dúvidas se expressam no imenso banco".

P.S. O imenso banco de José Serra, além dos três relacionados acima, contava também com as presenças de Valdir, Oberdan, Djalma Dias, Aldemar, Djalminha, Evair e Waldemar Carabina.

O JOGO

Alguma coisa não cheirava bem dias antes do encontro dos Gambás com os Porcos. Comentava-se que membros das uniformizadas, Gaviões da Fiel e Mancha Verde, estariam planejando um tremendo quebra-pau para antes, durante e depois da partida do Corinthians de todos os tempos contra o Palmeiras de todos os tempos.

Na verdade, eram apenas boatos espalhados por pessoas mal informadas, mal-intencionadas ou defasadas no tempo. Tanto corintianos quanto palmeirenses de verdade já estavam cansados de saber que aquele seria o encontro dos dois inimigos de estimação (o Corinthians não existe sem o Palmeiras, e o Palmeiras não existe sem o Corinthians). E todos os diretores das duas uniformizadas (tanto a Gaviões quanto a Mancha) viviam momentos de euforia e orgulho pelo fato de, depois de um longo e tenebroso inverno, terem finalmente conseguido conscientizar seus integrantes e associados de que torcida uniformizada é só para torcer, organizar escolas de samba e realizar trabalhos em prol da comunidade. E que uniformizadas interessadas em brigar não podem nem devem existir.

Esse trabalho das duas maiores uniformizadas de São Paulo tinha até mesmo influenciado os membros das uniformizadas de outras grandes equipes.

E assim a paz tinha voltado aos estádios, e, junto com ela, as famílias, as mulheres e as crianças.

Portanto, aquele encontro dos Gambás com os Porcos, na verdade, cheirava muitíssimo bem. E, além de perfume do bom para o olfato, tinha tudo para ser também colírio do melhor para os olhos, já que teria em campo alguns dos opostos que mais atraem a quem gosta de futebol.

Nos gols, de um lado, São Gilmar, e do outro, São Marcos. No meio de campo, o genial Roberto Rivellino e seu maior marcador, Dudu. Nas pontas, dois gigantes do futebol com nomes no diminutivo: Chinezinho e Marcelinho. Nos ataques, os dois maiores erres do Mundial de 2002: Ronaldo e Rivaldo. E no campo inteiro, dois gênios da bola e mestres do comportamento: Sócrates e Ademir da Guia.

A partida começou com o domínio palmeirense, tendo Ademir cadenciado o jogo ao lado de Rivaldo, colocando, assim, os atacantes alviverdes em condições sempre surpreendentes diante do gol alvinegro. Foi assim que Vavá fez o primeiro, depois de ganhar numa bola dividida com Fred Rincón na pequena área.

O Peito de Aço ganhou a dividida, ganhou o gol, mas também ganhou uma contusão e acabou substituído por Leivinha. A substituição não alterou o ritmo palmeirense, e, um pouquinho antes do final do primeiro tempo, o próprio Leivinha fez o segundo de cabeça, aproveitando um cruzamento certeiro de Júlio Botelho.

No intervalo, começou a chover, e, quando as duas equipes voltaram a campo, o Corinthians trazia uma substituição: Neto no lugar de Rincón, numa clara tentativa de deixar o time mais ofensivo.

A substituição deu certo, e, já aos 10 do segundo tempo, o Corinthians fazia o seu primeiro gol por meio de Sócrates, que desviou de calcanhar um cruzamento de Marcelinho Carioca. Oito minutos depois, o Corinthians empatava o jogo com o próprio Neto cobrando uma falta de Dudu em Rivellino. E, aos 40 do segundo tempo, foi a vez de Ronaldo desempatar, depois de uma tabela com Sócrates.

Para os corintianos presentes no estádio, o jogo parecia uma réplica do famoso Corinthians 4 × 3 Palmeiras, na estreia de Adãozinho, também numa tarde chuvosa. Mas, em menos de três minutos, essa sensação desapareceu: Ademir da Guia, lançado por Dudu, fintou

Belangero com habilidade, emendou de perna direita e empatou o jogo novamente.

Encerrada a partida – e como o jogo fazia parte de uma melhor de três entre o Corinthians de todos os tempos e o Palmeiras de todos os tempos (a primeira vencida pelo Corinthians por 1 a 0 e a segunda vencida pelo Palmeiras por 1 a 0) –, o jogo foi para a prorrogação.

Na prorrogação, apesar de os atletas estarem exaustos, aconteceram grandes jogadas de ambos os lados, mas nada de sair gol. Assim, a decisão foi para os pênaltis: do lado corintiano, Marcelinho, que anteriormente já havia perdido um pênalti importante contra Marcos, fez questão de bater e fez o seu. Rivellino, que normalmente não gostava de bater pênaltis, também fez questão de bater, e acertou.

Neto e Ronaldo bateram outros dois com perfeição. Mas o último, batido pelo careca Dino Sani, o careca Marcos pegou.

Já do lado palmeirense, Leivinha, Chinezinho, Ademir da Guia e Rivaldo converteram os seus. Mas o último, batido por Waldemar Fiume, foi pego pelo seu contemporâneo Gilmar.

Iniciou-se assim uma nova série de cobranças, com jogadores teoricamente menos preparados para bater de ambos os lados, mas todos, surpreendentemente, converteram as cobranças com calma e habilidade.

Assim, sem nenhum erro de ambas as partes, a decisão acabou no cara ou coroa.

No meio de campo, com os jogadores das duas equipes aplaudidíssimos pelas duas torcidas, o juiz jogou a moeda para o alto na frente dos capitães Sócrates e Ademir da Guia. Ademir tinha pedido cara, Sócrates tinha pedido coroa. A moeda caiu, e, como alguém tinha que ganhar, o autor deste livro resolveu que deu coroa.

O Corinthians ganhou.

NOTAS DE RODA-OS-PÉS

• "Gambás" e "Porcos" são os apelidos de, respectivamente, Corinthians e Palmeiras. Criados com intenções obviamente pejorativas, por não corintianos ou não palmeirenses, esses apelidos foram assumidos pelas próprias torcidas das duas equipes e hoje estão totalmente incorporados. O Corinthians tem ainda o apelido de Mosqueteiro, e o Palmeiras, o de Periquito, ambos de décadas passadas e hoje pouco usados.

• Lamentavelmente, boa parte do texto sobre o jogo Corinthians de todos os tempos versus Palmeiras de todos os tempos é pura ficção e continuará sendo por muito tempo, já que muitos integrantes das torcidas uniformizadas, tanto do Corinthians quanto do Palmeiras, como também de outras equipes, ainda insistem em promover brigas e arruaças, afastando, assim, os verdadeiros torcedores dos estádios.

• Vavá ganhou o apelido "O Peito de Aço" em 1958, quando ainda jogava pelo Vasco da Gama, no Rio de Janeiro, e foi campeão mundial e artilheiro pela Seleção Brasileira na Suécia.

• Leivinha sempre foi um grande cabeceador. Não chegou a ser um Baltazar do Corinthians, o "Cabecinha de Ouro", herói da conquista do campeonato paulista de 1954, no IV Centenário, mas foi superior a gênios da maioria dos fundamentos futebolísticos, como Pelé e Ronaldo.

• Na estreia de Adãozinho (que tinha habilidade para jogar basquete com os pés), o Corinthians ganhou o jogo por 4 a 3, numa partida que começou com 2 a 0 para o Palmeiras, o Corinthians empatou 2 a 2, o Palmeiras passou novamente à frente, fazendo 3 a 2, e o Corinthians, outra vez de virada, acabou fazendo 4 a 3. O jogo, considerado por muitos como o melhor Corinthians × Palmeiras de todos os tempos, aconteceu sob forte chuva, no Morumbi, no dia 25 de abril de 1971. Pelo Corinthians, marcaram Mirandinha (2), Adãozinho e Tião. E pelo Palmeiras, César (2) e Leivinha.

• Marcos realmente pegou um pênalti fundamental batido por Marcelinho Carioca na semifinal da Libertadores de 2000, jogo em que o Corinthians começou como favorito, mas acabou perdendo no último pênalti. Nessa decisão, Marcos pegou ainda mais um pênalti e, assim, além de ganhar a partida e o direito de disputar a decisão da Libertadores, ganhou também o apelido de São Marcos. Campeão do mundo em 2002, admirado por torcedores de todas as equipes brasileiras, Marcos está na galeria dos grandes goleiros do Palmeiras, na qual figuram também nomes como Oberdan, Waldir e Leão.

• Rivellino nunca gostou de bater pênaltis e praticamente fugia das cobranças. Por outro lado, reivindicava para si bater a maioria absoluta das faltas com barreira. Com seu potente e calibrado chute de perna esquerda, fez inúmeros gols de falta (incluindo o primeiro da Seleção Brasileira no Mundial de 1970, no México) que lhe valeram o apelido de "A Patada Atômica". Rivellino está na galeria dos grandes batedores de faltas do Corinthians, ao lado de nomes como Cláudio, Neto e Marcelinho Carioca.

SÓCRATES

Desengonçado, do alto de seu 1,90 metro, pelo qual distribuíam-se pouco mais de 80 quilos, aquele estudante de Medicina recém-formado fazia, aos 24 anos, apenas a primeira de suas 298 partidas pelo Corinthians. Bastou, porém, uma única jogada para que os 111.103 torcedores presentes no Morumbi naquela tarde de domingo – quando o time empatou com o Santos por 1 a 1 – tivessem uma ideia do tipo de jogador que ele era. No círculo central do campo, seu corpo esguio já havia passado inteiramente pela bola. O lance, portanto, parecia perdido, mas ele ainda conseguiu golpeá-la – meio com o calcanhar, meio com a sola do pé –, graças a um rápido movimento da perna para trás. A bola, então, encobriu o adversário mais próximo e foi aninhar-se no peito de outro jogador corintiano, visivelmente surpreso com o impacto e a perfeição do passe. Imediatamente, ouviu-se um coro vindo da metade corintiana das arquibancadas: "Eeeeeeeeeeê!" Era a Fiel vibrando pela primeira vez com seu Doutor.

Craque de nome tão grande quanto foi seu futebol, Sócrates Brasileiro Sampaio de Souza Vieira de Oliveira era filho de dona Guiomar, paraense de Belém, e de Raimundo Vieira, o seu Vieira, um cearense de Messejana que passou boa parte da vida estudando para prestar concursos públicos. De autodidata que era, seu Vieira chegaria ao final da vida com três cursos universitários concluídos: Contabilidade, Economia e Direito. Daí a importância que sempre deu à instrução e à cultura na criação dos cinco filhos.

Por causa da profissão do pai, os Vieiras viveram em várias cidades brasileiras. A primeira foi Peixe-Boi, no Pará. A segunda, Igarapé-Açu, a 106 quilômetros de Belém. Seguiram-se uma rápida passagem de um ano por Teresina, capital do Piauí, em virtude de uma transferência, a volta a Belém e, finalmente, Ribeirão Preto, onde seu Vieira e família radicaram-se quando Sócrates tinha apenas 6 anos.

Foi em Ribeirão que Sócrates teve seus primeiros contatos com a bola. Aos 11 anos, já jogava descalço no Campo do Tadeu, em um time chamado Raio de Ouro. Mas foi no Colégio Marista, onde estudou por 11 anos, que o futuro craque passou a respirar futebol. Lá, acabou descoberto por Haroldo Soares, técnico do time infantil de sua escola, que, ao ser contratado pelo Botafogo de Ribeirão Preto, o levou para o clube. "O Sócrates é desses jogadores que a gente não precisa ensinar nada. Ele já nasceu sabendo", costumava dizer.

Ainda assim, alguns defeitos tiveram que ser corrigidos, principalmente por causa do físico um tanto original para a prática do futebol, que valeu a Sócrates o eterno apelido de "Magrão". Os passes de calcanhar, sua marca registrada, por exemplo, nasceram de uma necessidade. Jogando futebol de salão como frentista, Sócrates tinha que servir os companheiros que vinham de trás. Mas como, com aquele pé pequeno demais (41) para um corpo tão grande, difícil de girar? O jeito, então, foi aprimorar o toque de calcanhar, sempre sutil, para ganhar tempo e enganar os zagueiros. Não é à toa que, já em 1977, antes mesmo de alcançar a natural projeção conseguida a partir da transferência do Botafogo de Ribeirão Preto para o Corinthians, Sócrates ganhou o seguinte comentário de ninguém menos que Pelé: "Ele joga melhor de costas do que a maioria joga de frente".

Enquanto atuou no juvenil do Botafogo, a partir 1969, Sócrates cursou o colegial e preparou-se para o vestibular de Medicina. Por isso, quase nunca aparecia para treinar, e, quando o fazia, chegava atrasado. Mas raramente faltava aos jogos. Passou no vestibular de quatro universidades, sempre entre os primeiros colocados, e optou pelo curso da Faculdade de Medicina da USP, em Ribeirão Preto. Acabaria se especializando em ortopedia e adiou o quanto pôde sua estreia entre os profissionais, até que não deu para escapar de uma excursão do time principal do Botafogo a Mato Grosso, ocorrida durante as férias do primeiro ano da faculdade, em julho de 1972. Dali em diante, Sócrates passou a ser frequentemente solicitado pelo time de cima, até se profissionalizar de vez.

"Não era assim tão simples conciliar as duas coisas, futebol e medicina", confessou Sócrates em depoimento a uma edição especial da revista esportiva *Placar* dedicada exclusivamente a ele, chamada *Sócrates, o Melhor Jogador do Mundo* e publicada em setembro de 1979. "Foram muitos os jogos que eu disputei após ter dado um plantão de 24 horas na Santa Casa, ainda meio sonolento." Contando com a boa vontade do clube, onde treinava apenas três vezes por semana e era dispensado das concentrações para assistir às aulas, e, ao mesmo tempo, da faculdade, em que alguns professores chegaram a abonar suas faltas, Sócrates foi tocando o futebol junto com os estudos até onde deu. Por causa disso, certa vez, teve até que pagar ingresso para entrar em campo.

O Botafogo enfrentaria o Corinthians, justamente o futuro clube de Sócrates, em uma quinta-feira, 29 de maio de 1975, no Pacaembu. Naquela noite, ele havia saído direto da faculdade, em Ribeirão Preto, cobrindo a distância de mais de 350 quilômetros em um táxi pago especialmente pela diretoria botafoguense. Ao chegar ao estádio, Sócrates não tinha a mínima ideia de onde ficavam os vestiários. Então, para não perder tempo, comprou um ingresso e pediu para que o funcionário responsável abrisse a porta do alambrado, para deixá-lo entrar no campo. Faltavam 20 minutos para o jogo começar quando Sócrates finalmente conseguiu trocar sua roupa toda branca de médico pelo uniforme tricolor de jogador do Botafogo, ali mesmo, no túnel que dá acesso ao gramado. O Corinthians ganhou por 4 a 1, mas o gol do Botafogo, que chegou a empatar o jogo, foi de Sócrates.

A saída de Sócrates do Botafogo de Ribeirão Preto, em julho de 1978, teve lances rocambolescos. Falou-se, primeiro, de sua transferência para o Palmeiras. Depois, que o São Paulo teria prioridade na negociação. O certo é que, para ganhar essa parada, o folclórico presidente corintiano Vicente Matheus não poupou esforços.

Sócrates não nasceu corintiano, como fez questão de deixar claro logo em sua chegada ao Parque São Jorge, na tarde em que a tradicional sirene do estádio soou para anunciá-lo como novo reforço. "Quando criança, eu torcia para o Santos de Pelé", chegou a confessar, até ingenuamente. Pouco a pouco, porém, foi-se convertendo ao corintianismo, graças, principalmente, à força da torcida. Apenas dois anos depois de sua chegada, ele confessava: "Quando me transferi para o Corinthians, não fiquei muito animado. Depois, a cada jogo, essa torcida incrível acabou conquistando minha simpatia. Hoje me considero um corintiano autêntico: corro, luto e, se preciso, dou até carrinho e chutão pra frente por este time. Sou praticamente um torcedor dentro do gramado".

"Educativa." Assim Sócrates define a relação que manteve com a Fiel, entre 1978 e 1984. "Quando eu cheguei, se não fizesse gol nos 15 primeiros minutos, os caras queriam me matar, era só vaia", compara. "Então, eu comecei a educar a torcida. Tanto que houve uma mudança drástica no comportamento dela, de antes de eu chegar para quando eu estava lá." Nesse sentido, Sócrates foi o anti-Rivellino, aquele, que em vez de se deixar neurotizar por essa relação, passou a compreendê-la para, a seguir, dominá-la.

“Foi então que veio aquela imagem de jogador frio”, lembra. Tempos depois, na comemoração da grande maioria dos 172 gols que fazem dele o oitavo maior artilheiro da história corintiana, Sócrates passaria a erguer o braço direito com o punho cerrado. Um gesto antes de tudo político, de protesto. “Para mim, o grande barato do futebol sempre foi esse: canalizar a atenção do meu público”, conta Sócrates, cuja definição de Corinthians, igualmente política, pode ser flagrada na internet em um depoimento dado por ele e postado no YouTube. É a seguinte: “Em um país em que os mais fracos social, política e economicamente não têm voz nunca, o Corinthians é uma força, uma forma de expressão”.

Em seus primeiros tempos de Corinthians, Sócrates, ainda vestindo a camisa 9, em vez da 8 que o consagrou, e sem a barba que viria a caracterizá-lo, destacou-se, principalmente, pelas atuações ao lado do mineiro Palhinha, craque remanescente do histórico time campeão paulista de 1977. Eles moravam no mesmo prédio e, em campo, também se entendiam perfeitamente bem, fazendo tabelinhas que, na época, chegaram a ser comparadas às dos santistas Pelé e Coutinho. Em um 3 a 0 sobre o Palmeiras, jogo eliminatório das quartas de final da Taça Cidade de São Paulo, o primeiro turno do Campeonato Paulista de 1978, a troca de passes entre eles começou no meio do campo e só foi parar dentro do gol adversário. Sócrates ganhou de cabeça de Pires, passando a bola a Palhinha. Palhinha devolveu a Sócrates, que, após driblar o zagueiro palmeirense Marinho Perez, voltou a lançar Palhinha, agora já dentro da área. Ele driblou o goleiro palmeirense Gilmar e rolou para Sócrates marcar um de seus dois gols naquela partida. Duas semanas depois, na decisão contra o Santos, Sócrates retribuiu a gentileza com um toque de calcanhar hoje imortalizado nas imagens do Memorial Corinthians, no Parque São Jorge. Com aquele toque genial, colocou Palhinha na cara do goleiro Vítor. Ele só não conseguiu marcar porque sofreu pênalti, posteriormente cobrado e desperdiçado por Zé Maria. Antes que aquele mesmo jogo acabasse, no entanto, o próprio Palhinha marcaria o gol da vitória por 1 a 0 que deu ao Corinthians a Taça São Paulo de 1978, o primeiro título de Sócrates com a camisa alvinegra.

No ano seguinte, em um confuso Campeonato Paulista que seria interrompido e só teria sua decisão em fevereiro de 1980, o Corinthians de Sócrates e Palhinha reconquista um título que, não fosse a ciumeira do resto do elenco em relação aos seus dois maiores craques, poderia ter sido seu ainda em 1978. O principal rival era o Palmeiras do técnico Telê Santana, o melhor time nos dois turnos e na fase final. Porém, o presidente do Corinthians, Vicente Matheus, ao levar às últimas consequências uma briga com a Federação Paulista por causa de uma rodada dupla da qual não quis participar, acabou atirando para um lado e acertando em outro. O campeonato ficou paralisado por dois meses, e, na volta, quando o Corinthians e o Palmeiras fizeram uma das semifinais, o adversário não tinha mais o mesmo pique. No primeiro jogo, sofreu o gol do empate por 1 a 1 já aos 40 minutos do segundo tempo. Na segunda partida, foi eliminado com um gol de canela de Biro-Biro. Na decisão contra a Ponte Preta, Sócrates fez o primeiro gol nos 2 a 0 da terceira partida, que deu a taça ao Corinthians. O outro foi de Palhinha. Eufóricos com o segundo título conquistado em pouco mais de dois anos – após uma longa estiagem de mais de duas décadas –, os corintianos espalham pela cidade o seguinte slogan: "Estou de saco cheio de ser campeão". Sócrates tinha muito a ver com isso, mas o melhor de sua passagem pelo clube ainda estava por vir.

Sócrates, àquela altura, já era também conhecido como Doutor, em uma dupla referência tanto à sua formação fora de campo quanto ao grande futebol que apresentava dentro dele. Na Seleção Brasileira, estreou em maio de 1979, no Maracanã, em um amistoso contra o Paraguai, vencido por 6 a 0. No jogo seguinte, também amistoso, no final daquele mesmo mês e no mesmo estádio, nova goleada, dessa vez sobre o Uruguai, por 5 a 1, com Sócrates marcando seus primeiros dois gols com a camisa amarela. O mais antológico deles, no entanto, foi marcado contra o Ajax, da Holanda, jogo que, por ter sido realizado contra um clube, é considerado não oficial. Naquela noite de 21 de junho de 1979, no Morumbi, Sócrates fez dois dos cinco gols brasileiros na vitória por 5 a 0, um deles inesquecível. A bola veio alta, ele matou no peito e driblou Krol. Wijmberg veio na cobertura e levou um corte. Sócrates, então, bateu forte da meia-lua no canto do goleiro Jager. Ele jogaria duas Copas do Mundo, em 1982, na Espanha, e em 1986, no México. Na primeira delas, inesquecível para os brasileiros pela qualidade do futebol apresentado, Sócrates era o próprio Corinthians, aliás o único jogador do clube convocado. Marcou dois gols, um deles empatando com um chute de fora da área o difícil jogo de estreia, contra a União Soviética, que ainda terminaria com a vitória brasileira por 2 a 1. O outro foi na triste despedida diante da Itália de Paolo Rossi, chegando a empatar por 1 a 1 uma partida que terminaria com derrota por 3 a 2 e a eliminação brasileira daquele Mundial em que íamos tão bem.

No início daquele mesmo ano, Sócrates, que, em suas próprias palavras, ao chegar a São Paulo, "só pensava em jogar futebol", começou a desenvolver melhor sua vocação política, em um movimento que se convencionou chamar de "Democracia Corintiana". "A Democracia Corintiana foi o que mais me marcou no Corinthians", define o próprio Doutor. "Vivemos um período rico da história do futebol e até da política brasileira", situou ele em entrevista à revista *Veja,* publicada em março de 1983.

E o que foi, afinal, essa Democracia Corintiana, da qual Sócrates tornou-se o principal mentor, dentro e fora do campo? Passados mais de 25 anos, há, democraticamente, muitas formas de se responder a essa pergunta. Tudo começou, por ironia, com Vicente Matheus, o homem que mais vezes e por mais tempo presidiu o Corinthians, entre 1959 e 1961, de 1972 a 1981 e de 1987 a 1991, fora o período em que foi vice de sua esposa, Marlene, mas continuou dando as cartas, entre 1991 e 1993.

No final de 1981, Matheus pretendia permanecer no cargo que ocupava havia nove anos. Porém, impedido pelos estatutos do clube de concorrer a mais uma reeleição, ele resolveu lançar-se como vice na chapa de um testa-de-ferro, no caso, o empresário Waldemar Pires. Matheus só não contava que, logo depois, Pires resolveria virar o jogo, diminuindo os poderes do vice e chamando o jovem sociólogo Adílson Monteiro Alves para ser o vice-presidente de futebol.

Dentro de campo, o Corinthians ia de mal a pior. Mesmo com Sócrates, havia terminado o Campeonato Paulista em oitavo lugar, e, como naquela época os campeonatos estaduais eram classificatórios para o nacional, o time teria que disputar a Taça de Prata de 1982, equivalente à segunda divisão do Campeonato Brasileiro. A Democracia amadureceu, mesmo, no período de 22 dias em que o time excursionou pela América Central, entre o fim de novembro e o começo de dezembro de 1981. Com o convívio diário, firmou-se uma cumplicidade entre o grupo e a nova diretoria. Os assuntos de interesse coletivo, ou seja, que interessavam a todos, do técnico ao massagista, como o horário dos treinos, passaram a ser votados. "No começo, foi uma coisa meio enrolada, pois a maior parte dos jogadores não estava habituada a isso", lembra Sócrates. "O futebol é um meio extremamente paternalista, autoritário, conservador, reacionário, até. Inibe as pessoas de se manifestarem. Mas, gradativamente, todo mundo foi assumindo uma posição; nós começamos a estimular os debates. Por exemplo: uma das causas que eu defendia era a extinção da concentração. Nós passamos dez meses discutindo isso, até eu conseguir mudar. Até então, nós havíamos perdido todas as votações." Com o fim da obrigatoriedade da concentração, quem achasse que deveria concentrar concentrava. Jogadores casados foram dispensados para passar as noites com a família. Os solteiros deveriam apresentar-se às 22 horas. Atletas e comissão técnica passaram a ter direitos sobre as rendas dos jogos. Os jogadores eram consultados até sobre possíveis contratações (como aconteceria com o goleiro Leão) ou mesmo sobre mudanças de técnico, quando o ainda jogador Zé Maria foi escolhido pelo grupo para substituir Mário Travaglini, durante o Brasileiro de 1983.

Os resultados logo começaram a aparecer. Impulsionado pelos gols do garoto Casagrande ("Uma força em estado bruto", na definição de Sócrates, seu companheiro de ataque), o Corinthians conseguiu não só subir da Taça de Prata para a de Ouro, equivalente à primeira divisão nacional, naquele mesmo ano, como ainda terminou sua campanha como um dos quatro melhores times do país. No segundo semestre daquele 1982, a equipe sagrou-se campeã paulista. Em 1983, viria o bi, que o Corinthians não alcançava desde o longínquo 1952. Em ambas as campanhas, Sócrates, além da importância política, desempenhou papel fundamental com a bola nos pés.

Na decisão de 1982, foi dele o gol da vitória por 1 a 0 sobre o São Paulo no primeiro jogo, realizado em uma noite de quarta-feira, debaixo de muita chuva. A conquista seria consolidada no domingo, com um 3 a 1 no qual o Doutor também jogou muito, mas não marcou nenhuma vez. Na campanha do bi, no ano seguinte, 1983, Sócrates fez praticamente tudo. As semifinais foram contra o Palmeiras, e o primeiro jogo terminou empatado em 1 a 1, com Baltazar, o Artilheiro de Deus, abrindo a contagem de cabeça e Sócrates empatando, de pênalti, para o Corinthians. O Doutor quase não havia conseguido se mexer em campo, engessado por uma marcação individual do volante palmeirense Márcio Alcântara. Por isso, no vestiário, o diretor Adílson Monteiro Alves tratou de cobrar uma explicação dele:

"Por que você aceitou a marcação individual?".

"Calma, este é só o primeiro tempo de um jogo de 180 minutos. O segundo só começa na quarta-feira."

Na quarta, o técnico palmeirense Rubens Minelli resolveu repetir a tática que havia dado tão certo no domingo. Mas, aí, o Doutor deu seu bote: "Era uma marcação no melhor estilo homem a homem, de um para um, que não havia me dado sossego até ali. No único cochilo dele, virei o corpo, escapei do cerco e fiz o gol da vitória. Aí, durante o resto do tempo, só para segurar o jogo, eu ainda sacaneei um pouquinho. Dava piques no meio do campo, enquanto a bola estava parada do outro lado, para uma cobrança de lateral ou escanteio, e o Márcio tinha que vir atrás de mim. Aí a galera delirava: 'Ohhhh!'. Foi mais uma maneira de minar o moral do adversário que uma vingança pessoal, como poderia parecer". Na decisão contra o São Paulo, segundo o próprio Doutor, "tive menos problemas que ao eliminar o Palmeiras nas semifinais". Mesmo assim, ele tratou de novamente fazer o gol da vitória por 1 a 0 no primeiro jogo, realizado no domingo, e marcar o gol corintiano no empate por 1 a 1 na quarta-feira, resultado suficiente para garantir mais aquele troféu. Naquela noite, ao entrar em campo, o time carregava uma faixa em que se podia ler: "Ganhar ou perder, mas sempre com democracia."

O momento político, de redemocratização do país após mais de duas décadas sob regime militar, favorecia o surgimento de movimentos como a Democracia Corintiana. Ainda em 1982, enquanto não teve patrocinadores, o time levou estampada na camisa a seguinte mensagem: "Dia 15, Vote". Um apoio às primeiras eleições diretas para governadores realizadas no Brasil desde 1966. Naquele contexto, Sócrates reafirmava cada vez mais a importância do voto e envolvia-se no movimento de redemocratização do país.

Em 1984, Sócrates mergulhou de cabeça na campanha pelas eleições diretas para presidente da República. "Se a emenda Dante de Oliveira for aprovada, nem todos os dólares do mundo me farão deixar o Brasil. Este vai ser um novo país e eu quero participar dele", chegou a prometer o ídolo corintiano em praça pública, durante comício no Vale do Anhangabaú, em São Paulo, para delírio de um milhão e meio de pessoas que lá estiveram no dia 16 de abril daquele ano. O episódio inspirou até uma capa da revista *Placar,* na qual Sócrates posou vestido como Dom Pedro I. Foi o "Dia do Fico" do Doutor. Mas, por uma diferença de 22 votos, a emenda que restabeleceria a realização de eleições presidenciais após 23 anos acabou derrotada no Congresso Nacional.

Em seu último ano no clube, Sócrates ainda levou o Corinthians às semifinais do Brasileiro. Nas quartas-de-final, quando o time perdeu a primeira partida, no Rio, para o Flamengo, por 2 a 0, contundido, Sócrates não jogou. Mas, na partida de volta, em que o Corinthians precisaria pelo menos devolver a diferença de dois gols, Sócrates, mesmo machucado, estava em campo. Com um par de tornozeleiras amarelas (cor do movimento pelas eleições diretas), ele comandou a equipe em uma maravilhosa goleada por 4 a 1, que acabou classificando o Corinthians para as semifinais. Foi o último grande baile regido por Sócrates com a camisa alvinegra.

Por 3,5 milhões de cruzeiros de luvas, 18 passagens anuais entre o Brasil e a Itália, uma mansão em Florença e dois carros à disposição, Sócrates trocou o Corinthians pela Fiorentina, em junho de 1984. Com sua ida para a Itália, a Democracia Corintiana e o próprio time se enfraqueceram. O movimento político acabaria de vez no ano seguinte, 1985, com a derrota de Adílson Monteiro Alves nas eleições presidenciais do clube para Roberto Pásqua. Após apenas 11 meses, 33 jogos e nove gols marcados pela Fiorentina, e depois de uma frustrada negociação com a Ponte Preta, que acabou não dando certo, Sócrates voltou ao Brasil para jogar no Flamengo. Porém, perseguido por uma insistente hérnia de disco, acabou atuando muito pouco, embora ainda tenha conseguido jogar a Copa de 1986 pela Seleção Brasileira. O final de sua carreira de jogador deixou poucas lembranças. Foram só três meses pelo time de infância, o Santos, nos quais, entre as poucas coisas que fez, está um passe para César Ferreira marcar o gol da vitória por 2 a 1 sobre o Corinthians, em uma noite de quarta, no Pacaembu, pelo Brasileiro de 1988. Naquele mesmo ano, aliás, Sócrates vestiu a camisa corintiana por mais uma e última vez, no jogo-exibição dos veteranos do clube contra os ingleses do Corinthian-Casuals. Marcou o gol da vitória do Corinthians brasileiro por 1 a 0, em uma bela jogada, encobrindo o goleiro.

Como jogador, Sócrates insistiu, ainda, em uma breve volta ao Botafogo de Ribeirão Preto, já no final de 1989. Depois, chegou a ser secretário de Esportes de Ribeirão Preto, diretor de futebol e técnico do Botafogo, técnico e gestor do Cabo Frio (RJ) junto com o ex-lateral-direito Leandro, do Flamengo, e técnico da LDU, do Equador. Teve, também, sua própria clínica, a Sócrates Medicine Center, em Ribeirão Preto. Atualmente, participa de programas esportivos na televisão e em seus planos futuros não descarta concorrer à presidência do Corinthians, embora faça sempre questão de ressaltar que nomes de velhos companheiros do tempo da Democracia, como Wladimir, devem vir sempre antes do dele.

Com o sucesso de seu irmão mais novo, Raí, pelo São Paulo, principalmente na primeira metade da década de 1990, começaram a surgir inevitáveis comparações entre os dois. Ao contrário do caçula, porém, Sócrates jamais foi um atleta, e sabe bem disso. Sempre bebeu, sempre fumou. E, sobre isso, talvez seja melhor ouvir a opinião de um terceiro irmão, Raimar, que costuma dizer: "Raí era um craque. Sócrates, um gênio".

ADEMIR DA GUIA

Filho de pai corintiano – o velho Domingos, o maior zagueiro brasileiro de todos os tempos, que defendeu o Timão entre 1944 e 1948 –, Ademir da Guia nasceu no bairro carioca de Bangu, em 3 de abril de 1942. Com menos de 5 anos de idade, já frequentava os treinos no Parque São Jorge, mas foi mesmo no Bangu Atlético Clube, outro dos times de seu pai, que ele começou a jogar, aos 14 anos, quando trocou a natação pelo futebol. Ademir não era somente filho de craque, mas também sobrinho e irmão de jogadores de futebol. Os tios Luís Antônio, Ladislau e Médio brilharam no Bangu (os dois últimos, também no Flamengo). Neném, seu irmão, foi volante do Bangu e do Juventus.

A história de Ademir da Guia no Palmeiras – e, consequentemente, de seus duelos com o Corinthians – começa em agosto de 1961. Ademir já havia sido convidado para treinar no Botafogo e levado pelo próprio pai ao Santos e ao Corinthians, em 1959. Em todas essas oportunidades, só não houve acordo porque o velho Domingos endureceu no contrato. Na volta de uma excursão do Bangu aos Estados Unidos, Ademir finalmente troca o Bangu pelo Palmeiras, que encontra nele seu camisa 10 ideal.

Se o pai, Domingos, foi o Divino Mestre, Ademir também entrou para a história com um epíteto igualmente celestial: Divino. Por 16 anos, até 1977, Ademir cadenciou o jogo de sua equipe. Alto (1,80 metro), magro (pesava 73 quilos quando jogava), começou como volante e só depois passou a meia. Ganhou de vez a posição com a saída do antigo titular, Chinezinho, vendido para o Modena, da Itália. Mesmo aparentando uma falsa lentidão, regeu os dois times chamados de Academia — primeiro jogando ao lado de Zequinha, depois com Dudu. Comandou o meio-campo alviverde nas conquistas de nada menos que cinco Campeonatos Paulistas (em 1963, 1966, 1972, 1974 e 1976), um Rio-São Paulo (1965), uma Taça Brasil (1967), dois Robertões (1967 e 1969) e dois Brasileiros (1972 e 1973). Enquanto isso, o Corinthians enfrentava seu maior jejum de títulos, que passaria de 22 anos. Ademir da Guia ganhou até um poema de João Cabral de Melo Neto que é a síntese de seu futebol: "Ademir impõe seu jogo / o ritmo do chumbo (e o peso), / da lesma, da câmara lenta, / do homem dentro do pesadelo. / Ritmo líquido se infiltrando / no adversário, grosso, de dentro, / impondo-lhe o que ele deseja, / mandando nele, apodrecendo-o. / Ritmo morno, de andar na areia, / de água doente de alagados, / entorpecendo e então atando / o mais inquieto adversário".

Dos 901 jogos que Ademir da Guia disputou com a camisa verde, 59 foram contra o Timão. Esse número faz dele o jogador que até hoje esteve mais vezes em campo na história do clássico. Com Ademir, o Palmeiras ganhou do Corinthians 23 vezes, empatou 21 e perdeu 15. Ademir, aliás, estreou no time titular palmeirense vencendo o Corinthians por 3 a 0, pelo Rio-São Paulo, em 22 de fevereiro de 1962. E despediu-se igualmente contra o Timão, só que com derrota, pelo Paulista, por 2 a 0. A data: 18 de setembro de 1977, ano da redenção corintiana. Gols em cima do Timão, Ademir da Guia marcou apenas quatro, entre os 153 que fez pelo Palmeiras. Dá até para contar nos dedos de uma só mão. O primeiro deles em uma vitória palmeirense por 2 a 0, pelo Paulista de 1963. O segundo em um empate (2 a 2) pelo Rio-São Paulo, em 1965. O terceiro, o da vitória palmeirense por 1 a 0 pela primeira fase do Robertão de 1969. O quarto em mais um empate, 1 a 1, pelo Paulista de 1976. Nada mais que isso.

Apesar de reconhecido como um dos maiores craques do país em todos os tempos, o temperamento retraído de Ademir da Guia fez com que ele não alcançasse sucesso com a camisa da Seleção Brasileira, nem mesmo depois que Pelé, o eterno dono da camisa 10 amarela, abriu mão de defender o Brasil. Melhor para Gérson e, depois, para o corintiano Rivellino, os donos da posição. Foram apenas 12 jogos de Ademir pela seleção principal, incluindo os 45 minutos iniciais da decisão do terceiro lugar da Copa do Mundo de 1974, disputada na Alemanha, em que o Brasil perdeu para a Polônia por 1 a 0. Rivellino, o titular, e Ademir, o reserva, voltariam a se encontrar no final daquele mesmo ano, decidindo o título paulista. O Corinthians não era campeão havia 20 anos, e dessa vez foi Ademir da Guia quem levou a melhor: Palmeiras 1 a 0, gol de Ronaldo.

Em 1º de setembro de 1986, foi erigido no Parque Antarctica um busto em homenagem ao maior camisa 10 da história palmeirense, privilégio até então concedido somente ao zagueiro Junqueira, que atuou de 1931 a 1945, e ao médio Waldemar Fiume, titular entre 1941 e 1958. Em outubro de 2004, Ademir da Guia elegeu-se vereador em São Paulo. Em homenagem ao craque, até alguns corintianos votaram nele.

CORINTHIANS × INTERNACIONAL

OS TIMES

CORINTHIANS

Em campo:
Gilmar, Zé Maria, Gamarra, Roberto Belangero, Wladimir, Fred Rincón, Marcelinho Carioca, Sócrates, Ronaldo, Casagrande, Rivellino.

No banco:
Neto, Dino Sani, Carlito Tevez.

INTERNACIONAL

Em campo:
Manga, Paulinho, Figueroa, Nena, Oreco, Falcão, Ávila, Salvador, Tesourinha, Claudiomiro, Chinezinho.

No banco:
Gamarra, Fernandão, Larry.

LUIS FERNANDO VERISSIMO ESCALOU O INTERNACIONAL

O Internacional de Porto Alegre de todos os tempos foi escalado pelo escritor, jornalista, humorista, cronista e ex-publicitário Luis Fernando Verissimo. Homem dos sete instrumentos (incluindo o sax-alto, que ele executa como um Paul Desmond), Verissimo sabe tudo de futebol e é colorado fanático. Escalou seus 14 do Internacional de todos os tempos deixando claro: "Só dos que eu vi jogar"; e observando: "Uma seleção mais nostálgica do que atual, como se vê".

O JOGO

O Corinthians de todos os tempos contra o Internacional de todos os tempos foi um dos jogos mais comentados de todos os tempos, até porque envolvia dois grandes comentaristas: Paulo Roberto Falcão e Walter Casagrande Júnior.

Na semana que antecedeu o jogo, Falcão, quando lhe perguntaram como o Inter deveria jogar, respondeu no seu estilo sóbrio e elegante: num 4-4-2 clássico, com Chinezinho voltando para ajudar o meio de campo, formado por Paulo Roberto, Ávila e Salvador. Já Casagrande, quando lhe perguntaram como o Corinthians deveria jogar, respondeu no seu estilo sincero e despachado: de chuteira, meia, calção e camisa.

Além de Falcão e Casagrande, outro craque da bola e dos comentários poderia participar da partida. O "Xodó da Fiel", Neto, que iniciaria no banco dos reservas, mas tinha grande possibilidade de entrar no segundo tempo, no lugar de Ronaldo.

Essa era uma alternativa tática do Corinthians: iniciar a partida com um atacante de peso, conseguir uma vantagem logo no primeiro tempo e, depois, segurar o jogo no segundo tempo, substituindo o atacante de peso por um meio-campista de peso.

A partida ia ser realizada no Gigante da Beira-Rio, em Porto Alegre, mas o fator campo aparentemente não beneficiava o Inter, já que o Corinthians estava acostumado a obter grandes resultados naquele estádio, como a histórica vitória na final do Campeonato Brasileiro de 1976.

Outra curiosidade do jogo era o fato de o Gamarra do Corinthians de todos os tempos estar escalado como sempre, enquanto o Gamarra do

Internacional de todos os tempos ia amargar uma inesperada reserva, numa decisão de última hora do técnico colorado.

No lugar do Gamarra do Inter, jogaria Oreco, originalmente lateral-esquerdo, mas com cacoetes de zagueiro de área, segundo os comentários de Falcão, Casagrande e Neto.

Uma coisa que ficou clara desde o início da partida era exatamente a facilidade que o Corinthians encontrava no ataque pelo setor de Oreco, que, corintiano de coração, se mostrava apático e até mesmo pouco esforçado, facilitando a tarefa dos atacantes alvinegros.

Ainda pelo Inter, outro que não estava bem era Tesourinha, grande esperança do lado direito do ataque colorado, de onde deveriam partir as jogadas de linha de fundo e os cruzamentos para o centroavante Claudiomiro.

Em tarde pouco afiada, Tesourinha era sempre desarmado por Vladimir, que tomava-lhe a bola com facilidade e iniciava o contra-ataque corintiano.

Com menos de 35 minutos de jogo, preocupado com a fragilidade do seu sistema defensivo no setor de Oreco, o técnico do Inter resolveu fazer uma substituição: sacou Oreco e colocou Gamarra, ou seja, trocou um corintiano por outro mais corintiano ainda.

Casagrande e Neto gostaram da substituição; Falcão preferiu não comentar.

Na sua primeira jogada, num lance totalmente desnecessário, o Gamarra do Inter cometeu uma falta em Ronaldo bem na entrada da pequena área.

Foi a primeira falta da carreira do consagrado zagueiro, fato visto na hora como surpreendente pelo comentarista Ruy Carlos Ostermann, da Rádio Gaúcha, e depois discretamente comemorado por Juca Kfouri em sua coluna na *Folha de S. Paulo* de segunda-feira.

Rivellino se preparou para bater direto, já que a posição era privilegiada. Manga orientou a barreira, Riva tomou longa distância, mas, quando ia bater pro gol, vislumbrou Ronaldo livre, enquanto o Gamarra do Inter, abaixado ao seu lado, arrumava as meias, bem no estilão Roberto Carlos no Mundial da Alemanha.

Riva, esperto, aproveitou para tocar de balãozinho para Ronaldo, que de sem-pulo finalizou para as redes de Manga. Corinthians, 1 a 0.

O jogo continuou, e as duas estrelas, Falcão e Casagrande, não brilhavam. Faziam alguns comentários entre si, trocavam algumas ideias sobre os sistemas táticos utilizados pelas duas equipes, mas jogar que é bom, nada.

O primeiro tempo terminou, e os fanáticos irmãos – e corintianos desde criancinhas – Nelson e Pedro Sirotsky sorriam e comemoravam aquela vitória parcial no camarote VIP que eles mantêm há anos no Gigante da Beira-Rio para acompanhar as exibições do Corinthians em Porto Alegre.

O segundo tempo começou e, conforme o planejado, Neto substituiu Ronaldo. Aproveitando-se do fato de que quem tem boca vai ao Rei de Roma, Neto comentou com Falcão que tinha achado muito elegante o terno que ele trajara no programa *Bem Amigos* da semana anterior.

Preocupado em esclarecer para Neto que aquele era um Giorgio Armani autêntico, de casimira inglesa e forro de seda pura, Falcão acabou se distraindo, deixando Sócrates livre pela intermediária.

Sócrates, com suas passadas largas, foi se aproximando da grande área, tocou a bola por debaixo das pernas de Figueroa, driblou com facilidade o Gamarra do Inter (que estava arrumando as meias novamente), passou por Manga, que saiu do gol desesperado, e entrou com bola e tudo.

Casagrande, que acompanhava o lance de perto, apenas sorriu e disse ao Doutor: "Sem comentários".

A partir daquele instante, o Inter partiu todo para o ataque, mas as tentativas de Falcão, Chinezinho e Fernandão – que havia substituído Claudiomiro – acabavam todas morrendo nos pés da bem postada zaga corintiana. Particularmente nos pés do Gamarra do Corinthians, que fazia uma partida irrepreensível.

Terminado o jogo, nas suas considerações finais, Casagrande fez questão de dizer que tinha gostado muito das atuações de Oreco e Gamarra, ambos do Inter. Falcão se recusou a dizer qualquer coisa, afirmando que não queria fazer nenhum comentário deselegante naquele momento, ainda de cabeça quente e com os cabelos despenteados. E Neto comentou que tinha gostado muito das atuações dos dois Gamarras: "O do Corinthians, muito bom; e o do Inter, melhor ainda".

Depois desse comentário, Neto se retirou de campo e foi ao encontro de Ronaldo, seu amigão da pesada. Os dois tinham previamente agendado um churrascão na casa de alguns amigos porto-alegrenses. O jantar reuniria pesos-pesados do futebol e das artes brasileiras: Ronaldo, Neto e Adriano, do Flamengo, que, naquela mesma tarde, tinha jogado contra o Juventude em Caxias; o humorista Jô Soares, que estava em cartaz em Porto Alegre com seu espetáculo *Viva o Gordo e Abaixo o Regime*; o vocalista João Gordo, que tinha se apresentado na noite anterior com sua banda, Ratos de Porão, no Gigantinho; e o apresentador Fausto Silva, que, pela importância da partida entre o Corinthians e o Inter e à fartura do jantar, tinha resolvido fazer o seu *Domingão do Faustão* direto do Rio Grande do Sul.

NOTAS DE RODA-OS-PÉS

• Em 1976, quem ganhou o Brasileirão foi o Inter, no Beira-Rio, jogando contra o Corinthians. Mas o Corinthians realmente já obteve também um grande título jogando contra o Inter no Beira-Rio, como a Copa do Brasil de 2009.

• Oreco jogou no Inter de 1950 a 1957 e no Corinthians de 1957 a 1965. Jogava originalmente como lateral-esquerdo (nessa posição, chegou a ser reserva de Nilton Santos e campeão mundial pelo Brasil em 1958), mas encerrou sua passagem pelo Corinthians jogando na quarta-zaga.

• Camarra jogou pelo Inter de 1995 a 1997 e pelo Corinthians de 1998 a 1999. No Corinthians, foi bicampeão brasileiro em 1998 e paulista em 1999.

• Os irmãos Nelson e Pedro Sirotsky só são corintianos desde criancinhas quando o Corinthians joga contra o Inter. A razão é simples: os dois são fanáticos torcedores do Grêmio, acompanham sua equipe pelo mundo inteiro e mantêm um magnífico camarote no estádio Olímpico, para o qual convidam os amigos (com a condição de que torçam pelo Grêmio).

CASAGRANDE

Walter Casagrande Júnior nasceu em São Paulo, no dia 15 de abril de 1963.

Mas não seria exagero dizer que foi criado praticamente dentro do Parque São Jorge. Afinal, seus familiares, do bairro da Penha, eram amigos do zagueiro Ditão – a quem chamavam pelo nome, Geraldo –, o maior símbolo da raça corintiana entre 1966 e 1971. Por isso, ir aos jogos em que Ditão estava em campo, principalmente aqueles que eram realizados no Parque São Jorge, tornou-se programa recorrente na infância do pequeno Waltinho. Entre muitas outras vezes, ele estava lá em 1970, na partida contra a Ponte Preta em que o Corinthians, orgulhoso, recebeu de volta e homenageou o goleiro Ado e o craque Rivellino, seus dois tricampeões do mundo pela Seleção Brasileira, no México. Nas arquibancadas, o menino sonhava em se tornar um deles.

Foi também no famoso "terrão" do Parque São Jorge que Casagrande deu seus primeiros passos no futebol. Centroavante que aliava raça, inteligência e oportunismo, ele já chamava a atenção da Fiel antes mesmo de se profissionalizar, durante a disputa da então Taça São Paulo de Futebol Juvenil (atual Copa São Paulo de Juniores), em 1980. Passou um ano emprestado à Caldense, de Poços de Caldas, quando conseguiu ser um dos principais artilheiros do Campeonato Mineiro de 1981, com nove gols marcados.

Em sua volta ao Parque São Jorge, no início de 1982, o Corinthians estava por baixo. Disputava a Taça de Prata, equivalente à atual Série B do Campeonato Brasileiro. A primeira oportunidade, dada pelo técnico Mário Travaglini, apareceu em um jogo noturno, no Pacaembu, contra o pequeno Guará, de Brasília. E Casagrande não a desperdiçou: estreou em grande estilo, marcando quatro vezes naquela goleada por 5 × 1.

Entendendo-se perfeitamente com Sócrates, tanto dentro quanto fora de campo, Casagrande foi um dos destaques do time, que alcançou a façanha de subir da segunda para a primeira divisão nacional no mesmo ano, chegando à semifinal e terminando o Brasileirão em um honroso quarto lugar. Ainda em 1982, no Campeonato Paulista, Casagrande explodia como artilheiro da competição, com 28 gols. Três deles foram marcados em um inesquecível clássico contra o Palmeiras, pelo primeiro turno, vencido pelo Corinthians por 5 a 1, até hoje a maior goleada alvinegra na história do confronto. Casagrande fez também o último gol corintiano naquele inesquecível campeonato, o terceiro nos 3 a 1 da final contra o São Paulo.

Com seus cabelos longos, meias arriadas, camisa sempre para fora do calção, Casagrande tornou-se um símbolo da juventude irreverente e contestadora dos anos 80. Ao lado de Sócrates e Wladimir, foi um dos líderes da Democracia Corintiana, o movimento que buscava maior participação dos jogadores nas decisões referentes ao departamento de futebol do clube.

No ano seguinte, 1983, Casagrande e o Corinthians conquistaram o bicampeonato paulista. Mas o artilheiro, indisposto com a diretoria, acabaria emprestado ao São Paulo, pelo qual disputou o Paulistão de 1984. Em 1985, Casagrande estava de volta ao Corinthians para voltar a ser ídolo de uma equipe que havia perdido Sócrates – negociado com a Fiorentina, da Itália –, mas, em compensação, montava uma verdadeira seleção com o dinheiro vindo dessa transação. Eram também os últimos momentos da Democracia Corintiana, derrotada nas eleições do clube pelo novo presidente, Roberto Pasqua. Em campo, a seleção corintiana de 1985 não funcionou, mas Casagrande sobreviveria ileso, a ponto de, no ano seguinte, ser convocado, com outros dois corintianos (o goleiro Carlos e o lateral-direito Édson), para a Seleção Brasileira que disputou a Copa do Mundo de 1986, no México. Na volta do Mundial, acabou sendo negociado com o Porto, de Portugal. No Ascoli, da Itália, Casagrande também foi ídolo.

De volta ao Brasil, no Flamengo, vinha cumprindo seu papel com dignidade, até enfrentar o Corinthians em uma tarde de Pacaembu lotado. A Fiel, em coro, não perdoou. "Volta, Casão, seu lugar é no Timão" e "Doutor, eu não me engano, o Casagrande é corintiano" foram alguns dos gritos entoados por ela naquele dia, deixando o jogador visivelmente emocionado. No início do ano seguinte, 1994, perto de completar 31 anos, Casagrande estava de volta ao Corinthians. A passagem, apesar de rápida e discreta, pelo menos foi suficiente para que ele ultrapassasse a marca dos cem gols com a camisa alvinegra. Coisa para poucos e bons, como ele.

Hoje, Walter Casagrande Júnior, que foi ídolo da Fiel como jogador, é ídolo de torcedores de todas as equipes como comentarista. Seu estilo na televisão tem a mesma simplicidade, bom senso, oportunismo e alegria que seu futebol tinha dentro de campo.

FALCÃO

"Falcão ou Mococa?", perguntava em sua primeira página o *Jornal da Tarde*, de São Paulo, naquele 13 de dezembro de 1979. O que era para ser apenas uma manchete, com o tempo, virou heresia. Afinal, o Palmeiras do obscuro meio-campista Mococa – mas, sobretudo, do técnico Telê Santana – vinha sendo impiedoso com os adversários ao longo daquele Campeonato Brasileiro. Havia eliminado o Flamengo de Zico com uma goleada por 4 a 1 em pleno Maracanã e agora, nas semifinais, ninguém duvidava: a próxima vítima seria o Internacional de Porto Alegre, o time de Falcão. Seria. Porque, naquela noite de quinta-feira, as 61.259 pessoas presentes no Morumbi para ver Palmeiras × Inter assistiram a uma das maiores atuações individuais de um jogador de futebol em todos os tempos. E não foi de Mococa. Foi do catarinense de nascimento (16/10/1953), mas gaúcho por adoção (criado em Canoas a partir de 1955), Paulo Roberto Falcão.

Além de comandar seu time em campo com a majestade de sempre, Falcão ainda marcou dois gols nos 3 a 2 que praticamente garantiram a presença do Inter na decisão contra o Vasco (bastou, depois, empatar por 1 a 1 em Porto Alegre com o próprio Palmeiras, no jogo de volta das semifinais). No lance de um dos gols, o terceiro, que acabaria valendo a classificação colorada, Falcão mostrou que, além de craque, tinha raça, ao ir buscar a bola colocando sua canela embaixo da sola da chuteira justamente de quem? De Mococa, o jogador com quem, inadvertidamente, os paulistas um dia ousaram compará-lo. No dia seguinte, o mesmo *Jornal da Tarde* chegava às bancas com uma resposta irônica, penitente e definitiva para a falsa questão que ele mesmo havia proposto: "Falcão, é claro!".

Os amigos chamavam-no de "Bola-Bola", por causa do código que costumava berrar em campo quando queria receber um passe ("Bola, bola!"). Aos 21 anos, no Inter, ele já era chamado de "Toscanini", comparação entre as passadas largas que dava em campo e a genial regência do maestro italiano Arturo Toscanini (1867-1957). Aos 27, quando se mudou para a Itália, virou "rei", o "Oitavo Rei de Roma", título que ganhou ao defender o time que tem o mesmo nome da capital italiana e devolver-lhe a alegria de reconquistar o *scudetto* de campeão nacional após mais de quatro décadas de espera.

Nascido em Abelardo Luz, Santa Catarina, mas criado desde os 2 anos de idade em Canoas, na região da Grande Porto Alegre, Paulo Roberto Falcão foi um dos maiores jogadores da história do futebol brasileiro e mundial. E, certamente, o maior de todos os que já defenderam o Internacional de Porto Alegre. Pelo Inter, Falcão jogou como volante e meia, marcou 77 gols em 391 jogos, ganhou cinco campeonatos gaúchos, sendo quatro seguidos (1973, 1974, 1975, 1976 e 1978), e três brasileiros (1975, 1976 e 1979). Despediu-se oficialmente da equipe colorada em Montevidéu, perdendo a final da Copa Libertadores de 1980 para o Nacional do Uruguai (embora, depois disso, Falcão ainda tenha feito um amistoso com a camisa vermelha na Espanha, contra o CSKA, da Bulgária).

Fora do Brasil, o apogeu de Falcão foi com a camisa *giallorossa* (amarela e vermelha) da Roma, da Itália. Em 107 jogos pelo Campeonato Italiano, marcou 22 gols. E o mais importante: deu ao clube mais popular da cidade o título de campeão nacional, que não vinha desde 1942, quando, dizem, o então ditador Benito Mussolini influenciou diretamente na perda de alguns pontos do Torino na Justiça só para ver uma equipe da capital do antigo Império Romano campeã. Falcão ganhou também para a Roma as Copas da Itália de 1981 e 1984. Sua passagem pelo clube e pela cidade foi tão marcante que, certa vez, o papa João Paulo II teria interferido pessoalmente para que não aceitasse uma proposta da Inter de Milão e permanecesse na Cidade Eterna.

Na Seleção Brasileira, Falcão estreou em 1972, nos Jogos Olímpicos de Munique. Depois, foi campeão do Torneio Bicentenário dos Estados Unidos, em 1976, ainda que, na final contra a Itália, vencida pelo Brasil por 4 a 1, o técnico Oswaldo Brandão tenha preferido colocar em seu lugar, no meio da partida, o apenas esforçado Givanildo.

De fato, talvez por seu estilo mais clássico que combativo, Falcão foi mais popular entre os torcedores do que entre os técnicos do Brasil. Dois anos depois, na Copa do Mundo disputada na Argentina, em 1978, era Cláudio Coutinho, o substituto de Brandão, quem preferia deixar Falcão por aqui, levando o espartano Chicão em seu lugar.

A grande chance de Falcão brilhar também com a camisa amarela surgiu no Mundial seguinte, o de 1982, disputado na Espanha. O Brasil era dirigido por Telê Santana, técnico amante do futebol bem jogado, que o escalou em um "quadrado mágico" no meio de campo, formado também por outros três jogadores talentosos como ele: Toninho Cerezo, Sócrates e Zico. Falcão fez um Mundial impecável. Marcou três gols, contra a Escócia, a Nova Zelândia e o último deles no fatídico jogo contra a Itália. O Brasil, que só precisava empatar, chegou aos 2 a 2 com um belo chute de Falcão de fora da área. Mas aquele era o dia de Paolo Rossi, que já havia marcado duas vezes e ainda fez o terceiro gol na vitória italiana por 3 a 2, enterrando o sonho brasileiro do título mundial.

Após o desastre na Copa e a festa pelo título italiano da Roma, no ano seguinte, a carreira do craque Falcão começou a entrar em declínio. Uma lesão no menisco do joelho esquerdo afastou-o dos gramados por quase um ano. A Roma cansou de esperar, mas o São Paulo resolveu contratá-lo, em 1985. No Morumbi, Falcão, uma vez mais, embarrou na intransigência de um técnico. Dessa vez, era Cilinho que, a despeito do investimento feito pelo clube, preferia deixá-lo no banco, como reserva do limitado Márcio Araújo. Falcão, no entanto, ganharia a posição de titular a tempo de conseguir seu último título como jogador, o Paulista de 1985.

No ano seguinte, para a Copa de 1986, Telê Santana resolveu apostar uma vez mais em seu futebol. Mas já era tarde. Fisicamente, Falcão não era mais o mesmo. Nem sequer chegou a estar em campo durante uma partida inteira. Jogou ao todo 91 minutos, 11 contra a Espanha, na estreia brasileira naquele Mundial, e 80 contra a Argélia. No mesmo ano, encerrou sua carreira de jogador.

Como técnico, Falcão estreou por cima, já na Seleção Brasileira, substituindo Sebastião Lazaroni depois da Copa de 1990. Propôs um trabalho de renovação e, apesar de ter acumulado mais empates e derrotas do que vitórias, conseguiu permanecer no cargo até o fim da Copa América de 1991, da qual foi vice-campeão, atrás apenas da Argentina. Depois, treinou o América do México, o Internacional e a seleção japonesa, mas sem o mesmo sucesso dos tempos de jogador. Elegante como na época em que jogava, abriu uma grife de roupas masculinas. Atualmente é comentarista da Rede Globo e assina colunas sobre futebol para jornais e revistas.

Mas em Roma continua sendo "O Rei de Roma": é tratado até hoje naquela cidade como se ainda estivesse em plena atividade dentro do campo, esbanjando elegância, fazendo gols e conquistando *scudetti.*

CORINTHIANS
×
RIVER PLATE

OS TIMES

CORINTHIANS

Em campo:
Gilmar, Zé Maria, Gamarra, Wladimir, Roberto Belangero, Dino Sani, Fred Rincón, Marcelinho Carioca, Ronaldo, Rivellino, Neto.

No banco:
Carlito Tevez, Sócrates, Casagrande.

RIVER PLATE

Em campo:
Carrizzo, Roberto Ayala, Ramos Delgado, Passarella, Ruggeri, Nestor Rossi, Labruna, Francescoli, Moreno, Di Stefano, Lostau.

No banco:
Caniggia, Batistuta, Kempes.

PAULO VINICIUS COELHO ESCALOU O RIVER PLATE

O River Plate de todos os tempos foi escalado pelo jornalista e analista tático Paulo Vinicius Coelho, o PVC, da ESPN Brasil. Dono de uma memória prodigiosa, PVC, mesmo não sendo torcedor do River, escalou a equipe argentina de bate-pronto, acrescentando detalhes técnicos e históricos sobre cada um dos 14 escolhidos. A escolha do palmeirense PVC para escalar o River de todos os tempos foi a maneira que o autor deste livro encontrou de homenagear a todos os estudiosos do futebol, independentemente das suas preferências clubísticas.

O JOGO

A equipe corintiana não estava nada motivada para o Corinthians de todos os tempos contra o River Plate de todos os tempos em Buenos Aires. Na verdade, a equipe tinha chegado àquela final da Libertadores meio sem querer, obviamente por sua imensa superioridade técnica em relação às outras equipes, mas não via naquele torneio, já vencido por times como o Olímpia do Paraguai, o Once Caldas da Colômbia e outros de menor expressão, algo de realmente relevante.

Na primeira partida, realizada em São Paulo, apesar de enfrentar um Corinthians desmotivado, quase andando em campo, o River tinha conseguido arrancar apenas um inexpressivo 0 a 0. Inexpressivo em termos, já que o resultado lhe permitia jogar por um simples 1 a 0 em sua própria casa contra uma equipe desinteressada pela competição, o que praticamente garantia a conquista para o River.

Na verdade, a maior parte dos craques corintianos só aceitou mesmo ir até Buenos Aires por outros interesses: Gilmar pretendia comprar alguns bons sapatos de couro argentino; Ronaldo e Neto planejavam jantar bem no El Bistro, do Faena Hotel, e depois dar uma esticada no Club Del Vino; Dino Sani resolveu que acompanharia os dois na esticada, nem tanto pelos Catenas Zapatas lá servidos, mas, principalmente, para ouvir clássicos do tango interpretados pelo Octeto Buenos Aires, incluindo obras de Aníbal Troilo e Astor Piazzolla.

Já Sócrates estava interessado em visitar algumas boas livrarias da capital portenha, como a El Ateneo, enquanto Casagrande tinha combinado assistir a um show de rock argentino do seu amigo Fito Paez.

Quanto aos outros, eles nem sequer pretendiam sair do hotel. Planejavam ficar por lá mesmo jogando um carteado e esperando o tempo passar até o modorrento jogo e a volta a São Paulo. Dentre os craques corintianos e o seu espírito enfadado, havia apenas uma exceção: Carlito Tevez, que fazia questão de jogar aquela partida.

Na verdade, Carlito também não achava a Libertadores grande coisa, mas considerava divertidíssimo ganhar do River Plate desde o início da sua carreira no Boca Juniors. Queria ganhar do River para acarinhar seus amigos do Boca.

Carlito vinha de uma contusão, era dúvida até mesmo para o banco, mas estava levando aquilo a sério, tendo, inclusive, aberto mão de sair (estava totalmente liberado) para visitar os parentes em Fuerte Apache e dançar a cúmbia. Ao contrário: Carlito passou os dois dias que antecederam o jogo no hotel, em sério tratamento, e, na manhã da partida, pediu para ser escalado.

Os médicos corintianos analisaram o pedido e chegaram à conclusão de que seria temerário arriscar numa partida de menor importância um jogador recém-recuperado. Carlito implorou e acabou conseguindo ser chamado para o banco.

Quando a partida começou, no Monumental de Nuñez, aconteceu o esperado: o River partiu com tudo para o ataque em cima de um Corinthians que praticamente andava em campo. Apesar da pressão argentina e do descaso corintiano, a superioridade técnica alvinegra, mesmo exercida com desleixo, não permitiu que o River conseguisse grande vantagem, e, assim, o primeiro tempo terminou com um magro dois a zero para os argentinos. Gols de Moreno e Francescoli.

No intervalo, Carlito implorou à comissão técnica que o escalasse para o segundo tempo. E pediu aos companheiros que jogassem apenas um pouquinho, já que o resto ele resolveria. Realmente ele resolveu. Logo aos quatro minutos do segundo tempo, numa jogada individual, driblando Ruggeri, Passarella e Ramos Delgado, ele fez o primeiro. Aos

15 minutos, depois de sofrer uma falta na entrada da área que ele mesmo fez questão de bater, marcou o segundo. E, aos 43, depois de uma de suas clássicas arrancadas pela esquerda, foi desarmado por Roberto Ayala, que tocou para escanteio. Carlito não teve dúvida: bateu o escanteio pelo alto e correu para o meio da grande área, onde tocou de cabeça no canto esquerdo de Carrizzo. Gooooool do Corinthians.

Quatro minutos depois, com apenas dois de acréscimo, o árbitro apitou o final: Corinthians 3 × 2 River. O Corinthians, mesmo sem querer, era campeão da Libertadores. Os corintianos se retiraram discretamente para o vestiário. Apenas Carlito permaneceu em campo dando entrevistas. Ao passar por ele, Alfredo Di Stefano comentou: "Yô fui mejor que Pelé y Maradona mejor do que yô. Mas tu eres ainda mejor que Maradona. Me encanta el fato de tambien seres argentino." Carlito imediatamente respondeu: "No soy más, já fué; ahora soy Corintiano".

Enquanto isso, na cidade de São Paulo, a massa alvinegra comemorava. O time sub 20 do Corinthians acabava de vencer mais uma partida pelas quartas de final da Taça São Paulo, para onde estavam voltadas todas as atenções da nação corintiana naquela noite.

NOTAS DE RODA-OS-PÉS

• O Faena Hotel é o hotel da moda em Buenos Aires. Foi projetado pelo badalado arquiteto Philippe Starck. O chef do El Bistro é o também badalado Mariano Cid de la Paz, discípulo do renomado *chef* catalão Ferran Adrià.

• O Club del Vino, no bairro Palermo Viejo, em Buenos Aires, é conhecido pela qualidade de sua comida e de suas bebidas e, principalmente, por apresentar todas as noites grandes intérpretes do tango argentino.

• A Bodega Catena Zapata é considerada a melhor produtora de vinhos da Argentina. Seu vinho mais famoso é o Nicolas Catena Malbec.

• O Octeto Buenos Aires é formado por verdadeiros virtuoses. Tem diversos CDs lançados e é cultuado por apreciadores de música instrumental no mundo inteiro.

• Aníbal Troilo, bandoneonista e compositor, é uma verdadeira lenda da história do tango tradicional.

• Astor Piazzolla, compositor, maestro e arranjador, é considerado o pai do tango moderno.

• A livraria El Ateneo era a preferida do grande escritor Jorge Luis Borges.

• O cantor e compositor Fito Paez é o grande ídolo pop da Argentina e tem grandes amigos no Brasil, como André Midani (durante anos, mandachuva da Warner Music) e Herbert Vianna (dos Paralamas do Sucesso).

Curiosidade

Momentos antes de este livro ser impresso, o ilustre torcedor do River Plate e ex-presidente da Argentina, Carlos Menem, mandou a escalação do seu River de todos os tempos, acompanhada deste bilhete. Em atenção a ele, aqui está:

Estimado Sr. Washington: Agradeciendo sus conceptos paso a detallar "mi equipo ideal del glorioso River Plate". Arquero: Amadeo Carrizzo. Defensa: Yacono, Baghi, Ramos y Cadilla. Medio campo: Rossi. Delantera: Muñoz, Moreno, Pedernera, Labruna y Loustau.
Saludo a Ud. muy atentamente.
CARLOS SAUL MENEM.

Obrigado, Sr. Menem.

CARLITO TEVEZ

Carlos Alberto Tevez, nascido em Buenos Aires, Argentina, no dia 5 de fevereiro de 1984, tornou-se rapidamente um ídolo da Fiel. O segredo? Uma imediata identificação com a torcida. Se o corintiano é "maloqueiro e sofredor, graças a Deus", Carlito também. Saiu do bairro de Fuerte Apache, espécie de favela portenha, para brilhar com a camisa do Boca. E traz até hoje no pescoço as marcas de queimaduras de uma infância pobre e difícil. Em 2004, ele foi eleito o melhor jogador sul-americano e, com a seleção argentina, ganhou a medalha de ouro olímpica em Atenas. Para esse argentino com cara de poucos amigos, não existe bola perdida, e é essa a qualidade que a torcida mais aprecia nele. Carlito, no entanto, também sabe jogar, o que o aproxima de outros corintianos raçudos e bons de bola de outros tempos, como Palhinha, nos anos 70, e Éverton, nos 80. Quando ele ameaçou ir embora por estar apanhando demais dos adversários e por causa da pressão que os juízes brasileiros exerciam sobre ele e seus compatriotas, a Fiel respondeu levando uma faixa ao treino: "Carlito, nuestra hinchada vos ama" ("Carlito, nossa torcida te ama"). O Grupo MSI, com quem o Corinthians fechou a malfadada parceria no final de 2004, pagou por ele 20 milhões de dólares. Tevez retribuiu colaborando diretamente para a conquista do título brasileiro de 2005 e só foi embora depois que o técnico Leão tirou-lhe a faixa de capitão dizendo que "ninguém entendia o que ele falava". Mas até hoje, da Inglaterra, manda seus recados, alimentando a esperança de que um dia poderá voltar.

Nada resume melhor o que foi o fenômeno Tevez no Corinthians do que uma publicidade do cartão de crédito MasterCard veiculada na Argentina em 2005. Ela começa com uma vista aérea do Morumbi lotado em dia de jogo. Ao fundo, a cúmbia, ritmo latino preferido do craque. A seguir, a câmera passeia até o alto de uma das pontes das marginais paulistanas, onde se lê numa placa: "Bem-vindos à cidade corintiana de São Paulo". Velas, fitas do Senhor do Bonfim e imagens de umbanda confundem-se com uma foto de Tevez. Um camelô com uma faixa na testa na qual se lê "Carlito" oferece a torcedores que passam em direção ao estádio objetos de culto ao craque e ao Corinthians. Duas gerais mostram coreografias da Fiel. Close em uma das muitas camisas de torcedores em que se liam as inscrições "10 – Carlito". Uma caricatura do jogador acompanha, em um muro, a inscrição "O café de Carlito". Lá, um barbeiro, dançando no ritmo da cúmbia, corta o cabelo de um menino no formato de trancinhas que caracterizou a passagem de Tevez pelo Timão. Corte rápido para um conferente que, também dançando ao som da cúmbia, verifica bolas de futebol saindo da fábrica em uma esteira. Volta o camelô, agora sem camisa, mas ainda diante de sua mercadoria com referências ao jogador, sempre dançando a cúmbia. Na praia, crianças jogam futebol com a camisa corintiana e também dançando a indefectível cúmbia. Volta para a Fiel. Vê-se uma bandeira argentina com o escudo corintiano ao centro e o sol no lugar da bandeira de São Paulo. Fundo escuro e a voz do locutor: "*Que el mejor jugador del fútbol brasileño seja argentino... No tiene precio*". Carlito fechava o clipe de costas, com a camisa listrada em preto e branco, comemorando um de seus gols pelo Timão. Dançando, é claro, a cúmbia.

Carlito estreou nos profissionais do Boca aos 17 anos, em 21 de outubro de 2001, contra o Talleres, em Córdoba, pela Libertadores (derrota do Boca por 1 a 0). Na época, já vivia em uma casa confortável do bairro de Versailles, paga pelo Boca Juniors. Antes disso, nas categorias de base, havia jogado no pequeno All Boys, de Buenos Aires.

Começou a fazer sucesso na seleção argentina antes mesmo de se profissionalizar. Ele já havia se destacado como o principal jogador da conquista do Sul-Americano Sub-20, em 2003. Em 2004, ganhou a medalha de ouro nas Olimpíadas. Sua primeira partida pela seleção principal foi em 31 de março de 2004, pelas eliminatórias: Argentina 1 × 0 Equador.

Tevez fez parte da jovem geração campeã sul-americana Sub-20 jogando no Uruguai, em 2003, formada por ele, Mascherano e Cavenaghi. E da geração medalha de ouro em 2004, com Heinze, Ayala, Lucho Gonzalez e D'Alessandro. Maxi López, hoje no Grêmio, e Mascherano jogam com ele na seleção desde o Sub-15.

A mãe de Carlito se chama Adriana. O pai, Segundo, é pedreiro. Tem um irmão, Diego, que formou em seu primeiro time, com outros quatro garotos. Dois deles eram seus melhores amigos, Dario e Pichi. O time se chamava Estrela do Um, pois moravam todos no edifício 1 do temido bairro Fuerte Apache. O técnico era o pai de Tevez.

Jogou em outros times de garotos, Santa Clara e Villa Real (mesmo time em que o técnico Carlos Bianchi fez seus primeiros gols, na infância), nos dois ao mesmo tempo, porque tinham o mesmo técnico, até chamar a atenção do All Boys, da primeira divisão B da Argentina. Tevez foi para lá quando estava terminando o segundo grau, espécie de curso técnico para a formação de mestre de obras, como queria a mãe.

A saída do All Boys para o Boca foi tumultuada: ele teria sido praticamente sequestrado, teriam aliciado seus pais com dinheiro e mudado seu nome, Carlos Martínez, para Carlos Tevez, a fim de que ninguém percebesse a manobra. O responsável teria sido Raul Maddoni, coordenador das categorias de base do Boca. Maddoni, quando estava no Argentinos Juniors, já teria chamado Tevez, mas ele não quis ir. Quando Maddoni foi para o Boca, a coisa mudou de figura: afinal, Tevez sempre foi Boca fanático. Aliás, foi somente aí que o pai o reconheceu legalmente, e ele aproveitou para trocar de nome. Tirou o Martínez, da mãe, e pôs Tevez, do pai. Tevez não reconhece a trapaça e justifica a troca do nome apenas pelo reconhecimento por parte do pai.

Chegou a treinar no Boca e jogar no All Boys simultaneamente. Fixou-se definitivamente no Boca em 1997, com idade de "pré-novena", a primeira das categorias de base na Argentina. Foi logo convocado para a Seleção Argentina Sub-15 que jogou o Torneio das Três Nações (Argentina, França e Inglaterra), em Wembley. Fez até gol de bicicleta no santuário do futebol inglês.

Carlito adora cúmbia e cuarteto, principalmente quando executados pelo músico La Mona Jiménez. E, em seu quarto de garoto, tinha um pôster de Ronaldo, o Fenômeno, que considera "um monstro do futebol". Seu maior ídolo é Riquelme, de quem ganhou um par de chuteiras Nike.

Fissurado pelos gorros e roupas esportivas folgadas, Carlito (um autêntico representante da geração de futpopbolistas, afirma que só usa o perfume 212, de Carolina Herrera. Não dispensa uma ida ao McDonald's e à churrascaria Rodeio, em São Paulo. Joga Playstation, curte noitadas e dorme até tarde.

Tem como apelidos: Manchado, pelas cicatrizes; Toro, da época do Fuerte Apache; e Moni, da Seleção Sub-20 argentina.

Sua filha, Florencia, é fruto do seu relacionamento com a namorada Vanessa Mansillo. No Brasil, Florencia entrou em campo várias vezes no colo de Carlito vestindo a camisa da Fiel e se transformou numa pequena corintianinha símbolo.

Atualmente, Carlito é oficialmente casado com Vanessa, a mãe de Florencia, e os três vivem na Inglaterra.

Carlito estreou pelo Corinthians contra o América de Rio Preto, no Morumbi, pelo Campeonato Paulista de 2005: Corinthians 1 a 0, em 29 de janeiro de 2005. Marcou pela primeira vez em seu terceiro jogo, em Limeira, Corinthians 2 × 0 Inter de Limeira (5 de fevereiro de 2005). O gol dele foi marcado com o pé, aos 19 minutos do segundo tempo.

Além do também argentino Mascherano, Betão era não só o jogador mais próximo de Tevez como pode ser considerado a única amizade que fez por aqui. Betão atualmente joga no Dínamo de Kiev, da Ucrânia.

Em São Paulo, Tevez morava na cobertura de um condomínio de alto padrão na Praça Nossa Senhora do Bom Parto, no Tatuapé, chamado Vittoria.

As impressionantes marcas que ele carrega da orelha até o pescoço seriam resultado de um acidente com uma panela de água fervendo, quando ele tinha apenas 10 meses. A avó, parece, teria coberto as queimaduras com um cobertor, o que só piorou a situação. O dente ele quebrou na escola, aos 9 anos, chocando-se com uma menina, irmã de Micaela, uma futura namorada sua.

Marcado pela vida, marcado pelos zagueiros, Carlito marcou seu nome na história do Corinthians de todos os tempos.

DI STEFANO

Muitos argentinos consideram Maradona melhor do que Pelé. E não são poucos os argentinos (e também espanhóis) que acreditam que Di Stefano foi ainda melhor do que Maradona. Comparações à parte, esse ídolo multinacional do River Plate, do Real Madrid e das seleções argentina e espanhola (que defendeu como jogador naturalizado) esteve, de fato, muito perto da perfeição durante seus mais de 20 anos de carreira. Segundo cálculos de seus biógrafos, o "*Saeta Rubia*" ("Flecha Loira"), como era chamado por causa do seu futebol veloz e certeiro, mortal para os adversários, teria marcado 766 gols. Só pelo Real Madrid foram, comprovadamente, 454. Rápido, goleador, Di Stefano, nascido em Buenos Aires no dia 4 de julho de 1926, era também hábil. E um líder dentro e fora de campo. Pela forte personalidade, entrou em rota de colisão com Didi durante o curto tempo em que o brasileiro defendeu o Real Madrid, entre 1959 e 1960. (O livro *Didi – O Gênio da Folha-Seca* conta essa história em detalhes.)

"Don" Alfredo Di Stefano começou a jogar futebol profissionalmente em 1945, no River Plate, de Buenos Aires, mesmo clube que seu pai, também chamado Alfredo, havia defendido entre 1910 e 1912. Depois de ser emprestado por um curto período ao Huracán, também de Buenos Aires, em 1946, Di Stefano retornou ao River, time no qual brilharia até 1949 como uma das principais peças da equipe que, anos antes, fora apelidada de *La Máquina*, campeã argentina em 1945 e 1947. Pela seleção de seu país, Di Stefano foi campeão sul-americano em 1947.

No Millonarios, de Bogotá, durante quatro anos, Di Stefano fez companhia a outros craques argentinos, como Pedernera e Nestor Rossi. O rico futebol colombiano de então, apelidado de "Eldorado", reuniu um punhado de estrelas internacionais para jogar numa liga pirata (como forma de fugir da legislação do passe) que jamais foi reconhecida pela Fifa.

O período de maior glória de Di Stefano, no entanto, ainda estava por vir. Foi no Real Madrid, da Espanha, clube que defendeu por 11 anos, de 1953 a 1964. Nesse período, jogando ao lado de craques como o húngaro Puskas e o francês Kopa, Di Stefano ganhou: oito campeonatos espanhóis (1954/55, 1957/58, 1961/62/63 e 1964) em 13 disputados; a Copa do Rei, em 1962; cinco Copas dos Campeões da Europa seguidas (de 1956 a 1960); e o primeiro título mundial interclubes, contra o Peñarol, campeão sul-americano, em 1960.

Tão grande foi o sucesso da dupla Puskas (húngaro) e Di Stefano (argentino) com a camisa do Real que os espanhóis insistiram em naturalizar a ambos, para que defendessem a seleção do país na Copa de 1962, no Chile. Eles acabaram inscritos – algo impossível nos dias de hoje, em que a Fifa proíbe um jogador que já tenha atuado por uma seleção nacional de "trocar" de camisa. Mas Di Stefano, machucado, teve que voltar para casa sem realizar o sonho de entrar em campo em uma partida da Copa do Mundo.

Considerado o melhor jogador da Europa (troféu Bola de Ouro) em 1957 e 1959, Di Stefano jogou ainda no Espanyol, de Barcelona, e encerrou a carreira no pequeno Elche, também da Espanha, em 1966. Ao fazê-lo, tornou-se treinador. Atualmente, é presidente de honra e uma lenda viva do Real Madrid. Em sua mansão na capital espanhola, mandou erguer um monumento à bola. Embaixo, colocou a inscrição: "*Gracias, vieja*" ("Obrigado, velha").

CORINTHIANS
×
VASCO

OS TIMES

CORINTHIANS
Em campo:
Gilmar, Zé Maria, Gamarra, Roberto Belangero, Wladimir, Fred Rincón, Marcelinho Carioca, Sócrates, Ronaldo, Carlito Tevez, Rivellino.

No banco:
Dino Sani, Casagrande, Neto.

VASCO
Em campo:
Barbosa, Paulinho, Rafaneli, Orlando, Marco Antonio, Danilo, Maneca, Walter Marciano, Ademir de Menezes, Roberto Dinamite, Romário.

No banco:
Eli, Ipojucan, Fausto (a "Maravilha Negra").

SÉRGIO CABRAL ESCALOU O VASCO

O Vasco de todos os tempos foi escalado pelo escritor e jornalista Sérgio Cabral. Um dos fundadores do *Pasquim*, autor de brilhantes biografias, Sérgio Cabral (o pai) entende das coisas que o brasileiro gosta: samba, mulher e futebol.

Vascaíno fanático, mandou a lista dos seus 14 craques de todos os tempos com o seguinte comentário: "É claro que estou esquecendo algum. Este é um sofrimento que curtirei na minha solidão de vascaíno".

O JOGO

Nas tribunas de honra, o presidente Lula, assumido torcedor das duas equipes. Também nas tribunas, o ex-zagueiro do Vasco, Hideraldo Luiz Bellini, primeiro brasileiro a levantar a taça Jules Rimet, no Campeonato Mundial de Seleções de 1958, na Suécia. No campo, Fred Rincón, o colombiano que aperfeiçoou o gesto de Bellini levantando a taça do primeiro Mundial de Clubes da Fifa, conquistado pelo Corinthians em 2000.

Enfim, o Corinthians de todos os tempos contra o Vasco de todos os tempos foi uma partida de estadistas e diplomatas, mesmo envolvendo dois craques de características bélicas e explosivas: Roberto, "O Dinamite", e Rivellino, "A Patada Atômica".

Uma partida que teve trâmites quase que oficiais, incluindo um desfile dos Dragões da Independência antes do jogo, mas que, como tudo no Brasil, acabou em samba e rock'n'roll, com a presença do corintiano Toquinho, do vascaíno Paulinho da Viola, da corintiana Rita Lee e da vascaína Fernanda Abreu.

Muitos duelos eram esperados para aquele jogo, mas um se destacava: Romário versus Fred Rincón. Romário, frustrado por nunca em sua carreira ter tido a oportunidade de vestir a camisa alvinegra do Parque São Jorge, fazia questão de sempre se vingar desse fato jogando muito contra o Corinthians. E Rincón, amigo leal e sincero, simplesmente não suportava Romário, exatamente porque, numa dessas partidas, o Baixinho, com um drible de corpo, tinha provocado um deslocamento de coluna de proporções dramáticas e irreversíveis no seu amigo Amaral.

Depois daquele drible, Amaral chegou a consultar grandes colunistas como o Ancelmo Gois e o Joaquim Ferreira dos Santos, mas não encontrou uma solução para o seu caso. Nunca mais se recuperou. Continuou torto.

Rincón não se conformava com o fato e pretendia vingar o amigo acabando com o Vasco durante o jogo e com Romário depois. Como grande capitão que era, tinha até trocado ideias com o treinador corintiano e sugerido duas importantes opções táticas para aquela partida. Na defesa, ele seria o primeiro homem a dar combate a Romário, deixando Roberto Belangero ou Gamarra na sobra para qualquer eventualidade. E, no ataque, na hora dos escanteios, Rincón também desceria para a pequena área vascaína, na companhia de Gamarra e Carlito Tevez.

Os três, então, começariam a conversar em castelhano dentro da pequena área vascaína, enquanto Rivellino por um lado ou Marcelinho Carioca pelo outro bateriam os escanteios. Essa tática visava desestabilizar Barbosa emocionalmente, que, ouvindo aqueles gringos berrando em castelhano, certamente se lembraria do Mundial de 1950, de Obdulio Varella e, principalmente, de Gighia. Uma vez desestabilizado Barbosa, a chance de sair um gol de cabeça do Corinthians seria muito maior.

Foi exatamente o que aconteceu aos 22 minutos do primeiro tempo: Rivellino se preparou para bater pela esquerda, Rincón berrou "todos listos", Gamarra disse "de cierto que si". Carlito Tevez acrescentou "arriba, arriba", Barbosa ouviu tudo aquilo, Riva bateu, Ronaldo cabeceou para um lado e Barbosa, aparvalhado, pulou para o outro. Corinthians, 1 × 0.

O Vasco não esmoreceu. Partiu para o ataque com tudo, mas, apesar das boas atuações de Walter Marciano e Ademir de Menezes, as jogadas de ataque do Vasco acabavam morrendo quando chegavam nos pés de Romário (sempre desarmado por Fred Rincón) e de Roberto Dinamite, que, naquele dia, estava mais para Roberto Estalinho.

Desligado do jogo, olhando o tempo todo para as tribunas de honra onde estava o presidente Lula, como se sonhasse um dia também ser presidente de alguma coisa, Roberto era desarmado com facilidade quando recebia a bola.

Já do lado do Corinthians, Rivellino, com sua Patada Atômica, estava muito bem. Tinha batido o escanteio do gol e já acertado dois tirambaços de fora da área. Os dois espetacularmente defendidos por Barbosa, que, sem ninguém falando castelhano perto dele, se mostrou seguro e tranquilo.

No intervalo, entrevistado em rede nacional, o presidente Lula comentou que "nunca na história desse país tinha se visto um primeiro tempo como aquele" e só mais não disse porque o segundo tempo começou.

Foi um segundo tempo em banho-maria, como comentaram alguns torcedores do Vasco com forte sotaque lusitano. Rincón sempre desarmando Romário, Roberto Dinamite ainda de olho nas tribunas de honra e nenhum escanteio a favor do Corinthians para ser batido em castelhano. Aliviado com o fato e mais sólido emocionalmente, Barbosa continuou defendendo tranquilo as bolas chutadas a longa distância.

Na verdade, a coisa mais espetacular do segundo tempo só aconteceu quando o segundo tempo terminou. Com metade da vingança feita (o placar de 1 a 0 com o gol em portunhol), Rincón planejava realizar a segunda metade, que era encher o Romário de porrada. Partiu pra cima do Baixinho, que, malandro, disse: "Rincón, o pessoal diz que o Fausto é a 'Maravilha Negra' do futebol, mas 'Maravilha Negra' mesmo é você, meu irmão".

Rincón, desarmado, desistiu da pancadaria e ainda acabou trocando a camisa com Romário, que aproveitou a oportunidade para convidar o colombiano para jogar futevôlei e ser seu segurança particular na rede do Viajandão.

NOTAS DE RODA-OS-PÉS

• Romário fez grandes partidas contra o Corinthians. Tanto jogando pelo Vasco quanto pelo Flamengo e pelo Fluminense. Marcou contra o Corinthians um total de 19 gols na sua carreira.

• O famoso drible de Romário em Amaral aconteceu na partida Corinthians 0 × 3 Flamengo, realizada no Pacaembu, no dia 7 de fevereiro. Mas Amaral continuou em atividade depois daquele drible até 2009, jogando pelo Perth Glory, da Austrália.

• Ancelmo Gois e Joaquim Ferreira dos Santos são realmente dois grandes colunistas. Jornalistas dos mais tarimbados, assinam colunas diárias no jornal *O Globo*. Mas de coluna vertebral e ortopedia não entendem absolutamente nada.

• Obdulio Varella era o capitão da equipe Uruguaia que conquistou o Mundial de 1950 em cima do Brasil em pleno Maracanã. Gighia foi o autor do gol da vitória uruguaia. Barbosa foi, depois daquele dia e por toda a sua vida, injustamente responsabilizado por aquele gol. Ele, na verdade, foi um goleiro espetacular e não teve a mínima responsabilidade na tragédia brasileira de 1950.

• Roberto Dinamite um dia virou presidente. Mais especificamente no dia 28 de junho de 2008, quando virou presidente do Vasco.

· O atacante Fausto, que jogou no Vasco de 1928 a 1930 e em 1933 e 1934, tinha o apelido de "Maravilha Negra" por sua habilidade e pela beleza do seu futebol.

RINCÓN

Freddy Eusebio Gustavo Rincón Valencia, nascido em Buenaventura, na Colômbia, no dia 14 de agosto de 1966, foi o capitão que levantou a taça do primeiro título mundial de clubes reconhecido pela Fifa, conquistado pelo Corinthians em 2000, e isso já bastaria para eternizá-lo.

Mas, quando chegou ao clube, em 1997, esse talentoso colombiano – que começou a carreira no pequeno Atlético Buenaventura, de sua cidade natal, e seguiu no Independiente de Medelín – já havia entrado para a história do futebol.

Pela seleção de seu país, Rincón jogou as Copas de 1990, 1994 e 1998 e brilhou ao lado de outros nomes, como Valderrama e Asprilla, principalmente na inesquecível goleada de 5 a 0 sobre a Argentina, em pleno Estádio Monumental de Nuñez, em Buenos Aires, nas eliminatórias de 1993.

Pelo América de Cali, foi campeão colombiano em 1990 e 1992. Pelo Palmeiras, campeão paulista e brasileiro em 1994. Havia passado, ainda, por times do futebol europeu, como o Napoli, da Itália, e o Real Madrid, da Espanha. Mas foi mesmo no Corinthians que Rincón viveu seus melhores momentos.

Quando chegou, vindo de uma segunda passagem pelo Palmeiras, porém com o passe ainda preso ao Real Madrid, recuou da posição de meia para a de volante. E acabou reinventando seu próprio futebol. No início, foi muito criticado por seu jogo cadenciado, por prender a bola e ser lento demais para os fogosos padrões de exigência corintianos, principalmente durante a péssima campanha no Brasileiro de 1997, quando a equipe quase foi rebaixada para a Série B, e na derrota para o São Paulo na decisão do Paulista de 1998.

Aos poucos, porém, Rincón foi tomando conta do meio-campo alvinegro. Orientava a defesa, colocava-se com perfeição, protegia a bola como ninguém. Ao lado de Vampeta, formou a melhor dupla de volantes do futebol brasileiro nos últimos tempos, e, com ambos mais Ricardinho e Marcelinho Carioca, o Corinthians encontrou, talvez, o melhor meio de campo de toda a sua história. Juntos, esses quatro jogadores foram bicampeões brasileiros em 1998/99, campeões paulistas em 1999 e mundiais em 2000.

Ídolo da torcida, depois de erguer a taça de campeão mundial de clubes, em janeiro de 2000, Rincón anunciou que não jogaria mais pelo Corinthians. Dias depois, um novo anúncio, dessa vez o da sua ida para o Santos, deixou a Fiel enfurecida. Ele saiu do Parque São Jorge com a pecha de mercenário.

Passou ainda pelo Cruzeiro, em 2001, antes de retornar ao Corinthians, devidamente perdoado em 2004, aos 37 anos, sem, no entanto, conseguir reeditar o sucesso de sua primeira passagem. Depois que se aposentou definitivamente como jogador, Rincón tornou-se técnico. Já dirigiu o Iraty (PR), o São Bento de Sorocaba (SP) e o São José (SP).

Freddy Eusebio Gustavo Rincón Valencia. Nome e futebol de nobre. Um dos mais bravos (em todos os sentidos) heróis da história alvinegra.

ROMÁRIO

A estatura pouco privilegiada (apenas 1,68 metro) lhe valeu o apelido de "Baixinho", consagrado pelo locutor Galvão Bueno nos jogos transmitidos pela televisão. Mas, dentro da área, Romário de Souza Faria era um gigante. Rápido, esperto, bom de drible, dono de toques sutis, sabia colocar a bola onde queria: dentro do gol. Vestindo a camisa 11 da Seleção Brasileira ou nos muitos clubes por onde passou, esse carioca da Vila da Penha começou jogando bola nos campinhos das favelas próximas à sua casa, para depois ganhar um lugar de honra na história do futebol mundial. Tanto que, quando lhe perguntaram se Romário teria um lugar na fantástica Seleção Brasileira tricampeã mundial no México, em 1970, Tostão, um dos monstros sagrados daquela conquista, não pensou duas vezes antes de responder: "Eu daria minha própria camisa para ele jogar".

"Parceiro" e "peixe" são algumas das gírias que Romário usa para se referir às pessoas de quem gosta. Viajandão é o nome do quiosque que ficou famoso como ponto de encontro para suas partidas de futevôlei na praia. Certa vez, Romário chegou a fazer xixi na cabeça de alguns turistas da janela do hotel em que estava hospedado, no Paraguai, para a disputa do Campeonato Sul-Americano de Juniores de 1985. E seus casos amorosos foram tão noticiados quanto seus muitos gols, exatos 1.006, contabilizando-se aqueles que foram marcados antes mesmo de se profissionalizar e que fazem dele o segundo maior artilheiro do futebol mundial em todos os tempos, atrás apenas de Pelé.

Romário nunca teve papas em sua língua presa. Sempre confessou que odiava treinar e entrava em campo "não para jogar bem, mas para fazer gols". Em 2002, chegou aos 36 anos sendo considerado o melhor jogador em atividade no Brasil e cotado para disputar mais uma Copa do Mundo, para a qual, no fim das contas, não foi chamado pelo técnico Luiz Felipe Scolari. Jogaria até os 42 anos. Em 2009, aos 43, voltou para disputar alguns jogos da segunda divisão carioca pelo América, a fim de realizar um velho sonho de seu pai, Edevair, morto em 2008. Teve ainda uma breve experiência como técnico, dirigindo o Vasco logo que parou de jogar, em 2008, no embalo de uma suspensão por doping (foi detectada uma substância presente em um remédio que ele estava tomando para conter a queda dos cabelos).

Nascido no dia 29 de janeiro de 1966, Romário teve a primeira chance como profissional aos 19 anos, no Vasco, em 1985. Jogando ao lado do já veterano Roberto Dinamite, até então o maior ídolo da história do clube, em pouco tempo tornou-se também querido pela torcida. Aos 20 anos, inaugurou a primeira de suas muitas artilharias, a do Campeonato Carioca de 1986, com 20 gols. Repetiria o feito mais sete vezes, cinco delas seguidas: pelo Vasco em 1987 (16 gols), 2000 (19) e 2005 (7); e pelo Flamengo em 1996 (26), 1997 (18), 1998 (10) e 1999 (16).

Ídolo de três das quatro maiores torcidas de seu Estado (jogou também no Fluminense por dois períodos, entre 2002 e 2004), uma das poucas unanimidades capazes de unir paulistas e cariocas ao longo de mais de cem anos de rivalidade futebolística, Romário teve sua primeira passagem pelo futebol do exterior em 1988, quando foi vendido ao PSV Eindhoven, da Holanda. Lá, ganhou três vezes o Campeonato Holandês (em 1981, 1991 e 1992) e colecionou mais três artilharias, em 1989 (19 gols), 1990 (23) e 1991 (25). Mudou-se, então, para o Barcelona, da Espanha, onde foi campeão espanhol em 1994 e uma vez mais o principal artilheiro de uma competição, com 30 gols.

A primeira oportunidade na Seleção Brasileira (da qual Romário é o terceiro maior artilheiro de todos os tempos, com 55 gols, atrás apenas de Pelé e Ronaldo) surgiu em uma excursão à Europa, em 1987. No ano seguinte, Romário voltou dos Jogos Olímpicos de Seul com a medalha de prata e mais uma artilharia (fez sete gols). Na Copa América de 1989, marcou o gol do título que o Brasil não conquistava havia 40 anos, na vitória sobre o Uruguai por 1 a 0. Contundido, participou de apenas 65 minutos da Copa do Mundo disputada no ano seguinte, na Itália, na vitória do Brasil sobre a Escócia por 1 a 0. Acabou substituído por Müller aos 20 minutos do segundo tempo.

Em 1993, o técnico Carlos Alberto Parreira, mesmo ameaçado de não classificar o Brasil nas eliminatórias para a Copa que seria disputada no ano seguinte, hesitava em convocá-lo. Só o fez na última partida, ainda assim porque Müller machucou-se antes do jogo decisivo contra o Uruguai, no Maracanã. Com dois gols marcados naquela vitória por 2 a 0, o Baixinho carimbou o passaporte do time e dele próprio rumo aos Estados Unidos.

No Mundial de 1994, marcou cinco gols em sete jogos. Abriu o caminho para as vitórias contra a Rússia (2 a 0) e Camarões (3 a 0). Empatou um jogo difícil contra a Suécia (1 a 1), ainda pela primeira fase. Nas oitavas de final, descobriu Bebeto livre para fazer o gol solitário na vitória sobre os Estados Unidos. Nas quartas, marcou um gol e, em outro, tirou o corpo da frente da bola chutada por Branco na cobrança de falta que garantiu a vitória por 3 a 2 sobre a Holanda. Nas semifinais, marcou de cabeça, entre os gigantes suecos, o gol que colocou o Brasil na decisão. Na final contra a Itália, acertou seu pênalti na disputa que deu o título, depois dos empates por 0 a 0 no tempo normal e na prorrogação. Na pesquisa realizada pela Fifa entre os jornalistas, Romário foi considerado o melhor jogador da Copa de 94, à frente do italiano Roberto Baggio e do búlgaro Stoichkov. No final daquele mesmo ano, acabaria eleito também o melhor jogador do mundo.

Em 1995, o Flamengo repatriou o herói do tetra. Campeão e artilheiro do Estadual em 1996 e em 1999 e da Copa Mercosul em 1999 (com oito gols), artilheiro também das Copas do Brasil de 1998 e 1999, em ambas as vezes com oito gols, Romário tornou-se o quinto maior goleador da história rubro-negra ao marcar 204 vezes. Isso entre várias idas e vindas ao Valencia, da Espanha.

O fôlego e as arrancadas já não eram mais os mesmos, porém o Romário pós-euforia do tetra seguiu vitorioso e goleador. Pela Seleção, repetiu o título da Copa América em 1997 e só não foi chamado para as Copas de 1998 e 2002 e para os Jogos Olímpicos de 2000 porque os técnicos (Zagallo, Luiz Felipe Scolari e Vanderlei Luxemburgo) não quiseram. De volta ao Vasco, em 2000, marcou 67 gols em um mesmo ano, quebrando o recorde histórico com a camisa do clube, que pertencia a Roberto Dinamite, autor de 62 gols em 1981. Ganhou a Copa João Havelange em 2000 e, naquele mesmo ano, um bi particular na Copa Mercosul. Também em 2000 Romário foi o artilheiro do Mundial de Clubes da Fifa (três gols), do Torneio Rio-São Paulo (12), da Mercosul (11) e da Copa João Havelange (com 20 gols, ao lado de Dill, do Goiás, e de Magno Alves, do Fluminense). Em 2001, Romário fechou o ano como artilheiro do Campeonato Brasileiro, com 21 gols. Repetiu esse feito pela última vez em 2005, às vésperas dos 41 anos, com 22 gols. Após rápidas passagens pelo Qatar, pela Austrália e pelos Estados Unidos – onde foi mais uma vez artilheiro, da USL Soccer, com 20 gols –, Romário voltou ao Vasco, no qual marcou, de pênalti, contra o Sport Recife, o milésimo gol de sua carreira.

Mais do que seus mil e tantos gols, Romário tem no seu currículo uma outra proeza realmente impressionante: ao lado de Mané Garrincha e Diego Armando Maradona, forma a trilogia dos únicos craques que ganharam Mundiais praticamente sozinhos (Garrincha em 1962, no Chile; Maradona em 1986, no México; e Romário em 1994, nos Estados Unidos).

CORINTHIANS × BARCELONA

OS TIMES

CORINTHIANS

Em campo:
Gilmar, Zé Maria, Roberto Belangero, Wladimir, Neto, Rivellino, Marcelinho Carioca, Casagrande, Ronaldo, Sócrates e Carlito Tevez.

No banco:
Gamarra, Fred Rincón, Dino Sani.

BARCELONA

Em campo:
Zubizarreta, Puyol, Koeman, Sergi, Guardiola, Iniesta, Messi, Kubala, Romário, Cruyff, Ronaldinho Gaúcho.

No banco:
Migueli, Xavi, Schuster.

LUIS BASSAT ESCALOU O BARCELONA

O Barcelona de todos os tempos foi escalado pelo publicitário catalão Luis Bassat. Presidente de Honra do Bassat Ogilvy Group, Luis Bassat foi o criador das cerimônias de abertura e de encerramento dos Jogos Olímpicos de Barcelona, em 1992. Fanático pelo Barça, foi candidato à presidência do clube em 2000 e 2003, mas não conseguiu se eleger. Desistiu da política clubística e, hoje, sua ligação com o Barça se restringe ao fato de ele ser um dos mais ilustres e fanáticos torcedores da equipe catalã.

O JOGO

A equipe corintiana comemorou quando saiu o resultado do sorteio para decidir onde seria jogada a partida do Corinthians de todos os tempos contra o Barcelona de todos os tempos.

O sorteio indicou o Camp Nou, o estádio do Barça, no bairro de Les Corts, na capital catalã. Era tudo que os corintianos queriam.

Além de saber que poderiam se exibir ao vivo para a imensa massa corintiana da Catalunha, a equipe se deliciava com a perspectiva daquela viagem. Ronaldo planejava matar a saudade do tempo em que morou por lá e aproveitar para jantar no Botafumeiro.

Casagrande decidiu que ia às compras, particularmente na Vinçon, a grande loja de design do Paseo de Gracia. Ninguém abria mão de rever as obras de Gaudí, como o Parque Güell e a Sagrada Família. Visitas aos Museus Miró e Picasso foram imediatamente programadas. E já estava decidido: a comemoração da vitória no dia seguinte seria um almoço na praia de Cadaqués, com *navajas de Finisterre a la plancha, paella "del moll del rellotge", "suquet" de rape con patatas, tartar de lubina a la manera de Ramón e croquetas de pescado y marisco*, tudo acompanhado de litros e mais litros de sangria.

Se sobrasse um tempo – e alguém sóbrio no final da tarde –, todos poderiam dar uma esticadinha até Port Lligat para uma visita à casa onde morou Salvador Dalí.

Já do lado do Barça, tanto a equipe quanto os torcedores estavam apreensivos. Com aquele senso de humor e otimismo tipicamente catalães, muitos comentavam: *"Si perdimos de poco, no está mal"*.

As comparações entre as duas equipes realmente favoreciam o Corinthians: de um lado, o argentino Lionel Messi, muito bom, mas, do outro, o argentino Carlos Tevez, ainda melhor; no ataque do Barça, o genial brasileiro Romário, mas, no ataque do Corinthians, a versão aperfeiçoada de Romário: o também brasileiro Ronaldo Fenômeno; Rivellino, ostensivamente superior a Cruyff; e os reservas do Corinthians, todos melhores que Etto, que nem sequer foi lembrado para integrar o Barça de todos os tempos.

Antes do apito inicial, Zubizarreta, tentando ser cordial e bom anfitrião, perguntou a Neto se ele já tinha visto "La Pedrera". Neto, fingindo desconhecer o apelido da famosa Casa Milà, respondeu que quem ia ver "la pedrera" era o time do Barça. Ia ver "la pedrera" que era jogar contra o Corinthians.

A partida começou, e o comentário de Neto se transformou em realidade. O Corinthians, com toques rápidos, envolvia o Barça com facilidade e, em menos de 20 minutos, já tinha feito 3 a 0, gols de Ronaldo, Roberto Belangero e Carlito Tevez.

Já do lado do Barça, Ronaldinho Gaúcho teimava em fazer malabarismos com a bola e acabava sempre desarmado por Zé Maria; Cruyff corria para todos os lados do campo, mas pouco tocava na bola; e Romário, que chegou pro jogo direto da ARS Studio, parecia um sonâmbulo em campo.

Aos 40 minutos ainda do primeiro tempo, o Corinthians só não fez o quarto gol em virtude de um fator extracampo. Na verdade, dois fatores extracampo. Cara a cara com Zubizarreta, Casagrande, na hora do chute, viu a Penélope Cruz e a Scarlett Johansson nas numeradas atrás do gol. Ele se distraiu e acabou perdendo um gol feito. Marcelinho, quando viu o motivo da distração, aplaudiu o companheiro. E aproveitou pra dar mais uma olhada e verificar se a Rebecca Hall também não estava com elas.

O primeiro tempo acabou, Casagrande e Marcelinho, alegando cansaço, pediram substituição e foram correndo para as numeradas. Mas, mesmo sem esses dois craques, o Corinthians não arrefeceu no segundo tempo. Fez mais dois gols antes dos 30 minutos de jogo, e só não fez mais porque Romário e Ronaldinho Gaúcho pediram aos craques corintianos que baixassem a bola, pedido reiterado por Messi a Carlito Tevez.

Romário chegou a ser explícito no seu comentário com os companheiros de clube: "Se eles não baixarem a bola, estamos 'fututis y mal pagatis'".

Ronaldo, que ouviu o comentário e domina o idioma catalão, comentou com o Baixinho: "'Fututis', sim, mas 'mal pagatis', aqui no Barça, é impossível".

NOTAS DE RODA-OS-PÉS

• Almoçar ou jantar no restaurante Botafumeiro é um programa imperdível para quem vai a Barcelona.

• A loja Vinçon é a mais conhecida e badalada loja de design de Barcelona. Fica no Paseo de Gracia, uma das muitas áreas nobres da cidade.

• O Parque Güell e a Catedral da Sagrada Família são dois dos muitos clássicos do arquiteto Antoni Gaudí que podem ser vistos em Barcelona.

• A casa onde morou Salvador Dalí, em Cadaqués, realmente é aberta à visitação pública. Assim como o Museu Dalí, na mesma região.

• A Casa Milà, também conhecida como "La Pedrera", é outro clássico de Antoni Gaudí.

• O ARS Studio ficou famoso por ser um dos primeiros *night clubs* do mundo a ficarem abertos até o meio-dia.

• As belíssimas e talentosas atrizes Penélope Cruz, Scarlett Johansson e Rebecca Hall estrelaram o filme "Vicky Cristina Barcelona", de Woody Allen.

• "Fututis y mal pagatis" é uma expressão catalã que em português quer dizer exatamente o que você está pensando.

ROBERTO BELANGERO

Para a maioria dos corintianos que o viram jogar, Roberto Belangero foi o maior centro-médio (hoje volante) da história do clube em todos os tempos. E também um dos maiores zagueiros, posição na qual jogou improvisado várias vezes e para a qual foi escalado neste Corinthians de todos os tempos.

Burilado nos aspirantes pelo técnico Rato – ainda com o apelido de Micha –, formava na legendária linha média do time campeão do IV Centenário, ao lado de Idário e Goiano. Era o contraponto de categoria no meio dessa dupla de valentes. Segundo definição dada pelo bicampeão mundial Nílton Santos, Roberto teria sido "um dos jogadores que eu vi bater na bola de maneira mais bonita". Roberto chegou a ser titular da Seleção Brasileira em 1957, durante as eliminatórias para a Copa do Mundo da Suécia. Mas, perseguido por uma contusão, acabou ficando de fora. Depois de encerrar a carreira no Newell's Old Boys, da Argentina, Roberto Belangero tornou-se técnico do próprio Corinthians.

Como jogador, tinha sido campeão paulista e do Rio-São Paulo diversas vezes. Mas, como técnico, não teve a mesma sorte: foi apenas mais um dos muitos técnicos que o Corinthians teve durante os 23 anos de fila, entre 1955 e 1978.

Roberto Belangero começou no futebol no Clube Atlético Recreativo Maria Zélia, time histórico da várzea paulistana que ficava na vila operária de mesmo nome, a primeira do Brasil, construída em 1917 pelo industrial Jorge Street para abrigar os 2.100 trabalhadores de sua Companhia Nacional de Tecidos de Juta. A vila recebeu o nome de Maria Zélia em homenagem à filha do patrão.

Dante Pietrobon – irmão de Anacleto Pietrobon, o Valussi, zagueiro corintiano e depois árbitro de renome – era o técnico e mantenedor daquela equipe bem estruturada, que tinha até campo iluminado. Em meados dos anos 40, Dante foi convidado para trabalhar no infantil do Corinthians. E levou junto os melhores garotos do Maria Zélia, todos na faixa dos 12 para os 13 anos de idade: Cabeção, goleiro; Colombo, ponta-esquerda; Luizinho, meia; e um certo centromédio chamado Roberto, o Roberto Belangero.

Foi lá na Vila Maria Zélia, que fica no bairro do Belenzinho, que Roberto nasceu, em 28 de junho de 1928. Foi lá, também, que ele se casou, aos 21 anos, com Natalina. E foi lá, por fim, que ele apareceu para o futebol. Durante todo o tempo em que vestiu a camisa corintiana (a número 6, e não a 5, como fazem os volantes atuais), Roberto foi chamado de "Professor", tanto pela torcida quanto pelos companheiros, do dia em que estreou, com goleada de 4 a 0 em um insignificante amistoso do feriado de 7 de setembro de 1947 contra a Seleção de Pinhal, ao dia em que se despediu, também com vitória, por 1 a 0, sobre a Ponte Preta, em 1960. Dono do próprio passe – prêmio que o Corinthians lhe deu pelos ótimos serviços prestados –, Roberto ia defender agora, aos 32 anos, o Newell's Old Boys, da Argentina.

Era volante, sim – ou melhor, "centro-médio", como se dizia à época. Mas dono de um futebol clássico, elegante. Primeiro, ele paralisava o marcador, impedindo-o de organizar seu jogo, sempre com a mais absoluta lealdade, sem dar um só pontapé – tarefa que ficava a cargo de Idário, Goiano, Olavo... Uma vez de posse da bola, sempre com a cabeça erguida, Roberto, então, decidia como iria se processar o próximo ataque corintiano ao lado de gente como Cláudio e Luizinho, este seu companheiro de meia-cancha desde os tempos do Maria Zélia.

Em 1951, estreando no time ao lado de todos os outros garotos vindos do Maria Zélia, Roberto Belangero ajudou a tirar o Corinthians de uma fila de dez anos sem o título paulista. No ano seguinte, 1952, foi bicampeão. Em 1954, veio o título do IV Centenário, com Roberto encarregando-se pessoalmente de anular o craque palmeirense Jair Rosa Pinto no 1 a 1 que garantiu a taça. Roberto ajudou o Corinthians, ainda, a ganhar o Rio-São Paulo três vezes, em 1950, 1953 e 1954; a Pequena Taça do Mundo, na Venezuela, em 1953; a conquistar duas vezes a Taça dos Invictos, em 1956 e em 1957 (na segunda oportunidade, em definitivo); a cumprir uma vitoriosa excursão à Europa, com 15 partidas sem derrota, em 1952; a faturar outras competições, como a Taça Cidade de São Paulo e o Torneio Internacional Charles Miller. Apesar de todas essas conquistas, porém, ele provocava uma certa dubiedade na alma corintiana. Nas arquibancadas, exigia-se dele mais garra, mais bravura. Por isso, com o tempo, passou a incorporar também esse elemento a seu futebol, já tão próximo da perfeição.

Decepções Roberto Belangero só teve com a camisa amarela da Seleção Brasileira. Para a Copa de 1954, na Suíça, o ano em que se consagraria como um dos campeões do IV Centenário, esperava ver seu nome na lista de convocados, ao menos como reserva do são-paulino Bauer. Ao pé do rádio, sintonizando a Pan-Americana ("a Emissora dos Esportes"), Roberto ouviu, decepcionado, o nome do vascaíno Eli. Quatro anos depois, na Copa do Mundo da consagração do Brasil, em 1958, na Suécia, tinha tudo para ser o titular, inclusive uma condição técnica superior à do santista Zito (até porque, durante as eliminatórias, disputadas no ano anterior, o titular havia sido ele, Roberto). Ainda se recuperando de uma contusão, no entanto, Roberto acabou cortado às vésperas do embarque junto com o flamenguista

Jadir e o são-paulino Canhoteiro. Dali em diante, Seleção Brasileira nunca mais.

Ao encerrar a carreira de jogador, de volta a São Paulo, Roberto Belangero abriu uma loja de material elétrico. No final do Campeonato Paulista de 1964, assumiu o cargo de técnico do próprio Corinthians. Passou ainda por pequenos clubes, como o Paulista de Jundiaí, o América de Rio Preto, a Portuguesa Santista, o Comercial de Campo Grande (MS) e o próprio Newell's, da Argentina.

Roberto Belangero foi um professor de futebol, mas não só de futebol. Culto e preparado, dava aulas de inglês quando morreu, no dia 30 de outubro de 1996, aos 68 anos de idade.

CRUYFF

Um dia, ele marcou dois gols vestindo a camisa número 14. Então, por pura superstição, passou a usá-la ao longo de toda a carreira. Mas seu futebol era digno da camisa 10. Ou de todas as dez camisas que, à exceção da do goleiro, formam um time de futebol.

Qual era, afinal, a posição de Johannes Hendrick Cruyff, o polivalente holandês, nascido no dia 25 de abril de 1947, que, a partir dos anos 70, encantou o mundo? Durante muito tempo, teóricos do futebol debruçaram-se sobre esse desafio, sem chegar a uma conclusão. A posição de Cruyff, na verdade, era nenhuma – ou, se preferir, todas. E ao mesmo tempo.

Nenhum outro jogador mudou tanto a maneira de praticar o futebol quanto ele. Filho de uma viúva que trabalhava como faxineira do Ajax, de Amsterdã, o jovem Johannes usou aparelhos ortopédicos até os 10 anos de idade, devido a um defeito na formação dos pés. Aos 16, plenamente recuperado, assinou seu primeiro contrato profissional com o Ajax. Aos 19, estreava na seleção holandesa, demonstrando um estilo diferente: em vez de executar uma única função em campo, fazia de tudo, do desarme do adversário ao chute ou cabeceio ao gol. Bebia (preferencialmente cerveja), fumava cigarros sem filtro. Mas, em campo, era um verdadeiro azougue de 68 quilos distribuídos por 1,80 metro, obrigando os companheiros de time a acompanhar seu ritmo. Isso deu origem ao chamado "futebol total" ou à "bagunça organizada" que era o time da Holanda na Copa de 1974. A exemplo de Cruyff, nenhum jogador da chamada "Laranja Mecânica" se preocupava em guardar posição.

Em 1973, Cruyff trocou o Ajax pelo Barcelona, da Espanha, e ganhou o Campeonato Espanhol do ano seguinte para o time catalão, que esperava por aquela conquista havia 13 anos. Faturou também a Bola de Ouro (prêmio conferido ao melhor jogador europeu) em 1971, 1973 e 1974. Sua única frustração: a perda do título mundial para a Alemanha, na Copa de 1974, com uma derrota na final por 2 a 1. Quatro anos depois, em 1978, Cruyff recusou-se a jogar o Mundial da Argentina. Uns dizem que foi por protesto contra a ditadura militar instaurada naquele país; outros afirmam que a verdadeira razão teria sido sua insistência em jogar com uma camisa personalizada, de duas listras, em vez da oferecida pela patrocinadora Adidas, que tinha três listras e era utilizada pelos demais companheiros de equipe. É que o lucro da venda das camisas de duas listras revertia diretamente para Cruyff. Cansado de sofrer com a violência dos zagueiros da Espanha, onde chegou a ter uma perna quebrada no período em que atuou pelo Barça, Cruyff foi jogar nos Estados Unidos. Depois, voltou rapidamente ao futebol espanhol (para uma equipe pequena) e retornou à Holanda, onde encerrou a carreira aos 37 anos, para se tornar técnico campeão pelo Barcelona e, ainda, um dirigente de sucesso. Diz uma lenda que certa vez, ao encontrar com ele durante uma cobertura internacional, dois jornalistas brasileiros resolveram tirar uma velha dúvida: afinal, como se escreveria o seu nome: Cruyff, com y, ou Cruijff, com i e j? Ao que Cruyff (ou Cruijff), tranquilamente, respondeu: "Podem me chamar de Johannes...".

Cruyff realmente jogava nas onze, dentro e fora do campo. Como técnico, foi capaz de liberar Romário para suas noitadas, desde que o "Baixinho" lhe retribuísse a gentileza com gols. (Foi assim que o Barça foi campeão espanhol em 1994, e Romário, artilheiro da Copa dos Campeões em 1993 e do Campeonato Espanhol em 1994). Como jogador, Cruyff foi uma espécie de Sócrates dos nórdicos: bebia, fumava e jogava. E como jogava.

CORINTHIANS × FLUMINENSE

OS TIMES

CORINTHIANS

Em campo:
Gilmar, Zé Maria, Gamarra, Roberto Belangero, Wladimir, Dino Sani, Rivellino, Marcelinho Carioca, Casagrande, Sócrates, Carlito Tevez.

No banco:
Fred Rincón, Neto, Ronaldo.

FLUMINENSE

Em campo:
Castilho, Carlos Alberto, Pinheiro, Edinho, Branco, Pintinho, Didi, Rivellino, Telê, Ademir, Paulo César Caju.

No banco:
Veludo, Orlando "Pingo de Ouro", Doval.

JÔ SOARES ESCALOU O FLUMINENSE

O Fluminense de todos os tempos foi escalado por Jô Soares. Especialista em análises técnicas e comentários sobre futebol – mas, nas horas vagas, também humorista, apresentador de TV, ator e diretor de teatro, jornalista, escritor, pintor e músico –, Jô, sozinho, vale por uma torcida inteira. Escalou seu Fluminense de todos os tempos misturando paixão e emoção com critério e isenção.

O JOGO

Os torcedores do Fluminense garantiam: o Corinthians de todos os tempos versus o Fluminense de todos os tempos seria o jogo da invasão carioca do Morumbi – dando, finalmente, o troco à famosa invasão corintiana do Maracanã, em 1976.

Os tricolores cariocas se diziam à vontade e motivados para invadir o estádio do tricolor paulista, reivindicado por eles como palco da partida. E não se sentiam temerosos nem mesmo com o fato de o Morumbi ser considerado "o salão de festas dos corintianos", coisa que fez com que a direção corintiana espertamente aceitasse a reivindicação tricolor de bom grado.

Os fluminenses diziam que iam ganhar nas gerais, nas arquibancadas, nas numeradas e dentro do campo, com o futebol da máquina tricolor, a presença dos seus torcedores, vindos do Rio, e o apoio dos seus coirmãos são-paulinos.

Realmente, essa coirmandade é verdadeira. O São Paulo admira e venera o Fluminense a ponto de até mesmo reconhecer a anterioridade da equipe carioca no primeiro verso do seu hino: "Salve o tricolor paulista...". E, fora isso, existem ainda outros fortes pontos em comum entre as duas equipes: as camisas, ambas com três cores; e o apreço pela maquiagem.

No quesito maquiagem, diga-se de passagem, os cariocas também foram pioneiros, introduzindo o pó de arroz. Mas, nesse caso, deve-se reconhecer que quem aperfeiçoou o gesto foram os tricolores paulistas, acrescentando o rímel, o blush, a base e até mesmo o batom.

Deixando as perfumarias de lado, a verdade é que, no dia do jogo, a tal invasão tricolor não aconteceu. Os poucos cariocas que vieram a São Paulo acabaram optando por passear nos shoppings ou conhecer os novos restaurantes. E, assim, eram em número reduzido os verdadeiros tricolores cariocas dentro do estádio, mais especificamente o Nelson Motta, o Celso Barros e o Chico Buarque de Holanda.

Já os tricolores paulistas, pouco habituados a frequentar os jogos de sua própria equipe, nem se lembraram que deviam ir ao Morumbi dar apoio ao seu muso inspirador. Preferiram ir a uma grande festa que ocorria naquele mesmo domingo na Avenida Paulista.

Assim, a massa corintiana foi obrigada a lotar o estádio novamente sozinha.

A partida tinha supercraques de ambos os lados. Mas a grande curiosidade de todos era saber como se comportariam Roberto Rivellino, o "Reizinho do Parque", escalado no Corinthians de todos os tempos, e Roberto Rivellino, o "Sabiá das Laranjeiras", escalado no Fluminense de todos os tempos.

O jogo começou com atraso, às 16 horas e 24 minutos, atraso que, pelo número de minutos, gerou alguns comentários maldosos dos corintianos.

Assim que a bola rolou, ficou claro que o Rivellino do Corinthians vinha com tudo, disposto a fazer uma grande exibição. Enquanto o Rivellino do Fluminense parecia displicente ou omisso, dando toquinhos de lado, preferindo, em vez de tentar jogadas, passar o tempo observando com olhares nostálgicos as camisas alvinegras em campo e a multidão corintiana que lotava o estádio.

Já os outros dez do Fluminense mostravam que queriam conseguir dentro de campo aquilo que a sua torcida não tinha conseguido fora dele: abafar o Corinthians. Particularmente Castilho, que, inconformado por ser o eterno reserva de Gilmar na Seleção Brasileira, estava disposto a fechar o gol e provar que era, no mínimo, tão bom quanto o goleiro corintiano.

Assim, com a enorme disposição dos tricolores, excetuando-se Rivellino, a partida tornou-se equilibrada. Paulo César Caju, com seus cabelos recém-tingidos, levava nítida vantagem sobre Zé Maria, que acabou apelando. Já aos 14 minutos do primeiro tempo, cometeu falta violenta na entrada da grande área em cima do afrancesado ponta carioca, que exclamou: "Mon Dieu!".

Gilmar orientou a formação da barreira, e o Roberto Rivellino do Corinthians fez questão de fazer parte dela. O Roberto Rivellino do Fluminense se preparou para a cobrança. E, usando sua famosa patada atômica de um modo jamais visto, mandou a bola pra fora do estádio, mais precisamente pra região do ITA, em São José dos Campos. Minutos depois, era o Corinthians que levava perigo à meta tricolor. Primeiro, num tirambaço de fora da área de Carlito Tevez que Castilho botou pra escanteio de forma espetacular. Batido o escanteio, Casagrande cabeceou forte, mas Castilho espalmou novamente. A bola escorreu em direção à linha de fundo, Marcelinho Carioca chegou antes de Branco e tocou rápido pra dentro da pequena área. Sócrates chegou e, de calcanhar, desviou habilmente a redonda para o cantinho esquerdo do gol de Castilho, que, mesmo pego no contrapé, deu um voo espetacular e evitou o gol. Estava aberta a famosa leiteria de Castilho.

Aos 41 minutos do primeiro tempo, o Roberto Rivellino do Fluminense perdeu a bola de maneira bisonha no meio de campo para Dino Sani, mas Didi recuperou. Tocou rápido para Telê, que venceu Wladimir na corrida e centrou. Paulo César Caju chegou na bola junto com Roberto Belangero. Com um toque sutil, aplicou um lençol no corintiano e completou o lance tocando de maneira indefensável no canto esquerdo de Gilmar. Fluminense, 1 a 0.

Paulo César Caju foi comemorar junto às câmeras de televisão, gritando: "*Je suis superb, divine, splendid!*". Enquanto isso, o Roberto Rivellino do Corinthians, repetindo um gesto que já havia imortalizado jogando pela Seleção Brasileira no Mundial de 1958, fez questão de ir buscar a bola dentro do gol corintiano, levando-a para o meio de campo e reiniciando a partida.

O juiz apitou, Casagrande tocou para o Rivellino do Corinthians, que partiu para o ataque. Ele aplicou um elástico em Pintinho, outro em Edinho, tocou a bola por baixo das pernas de Pinheiro e fuzilou Castilho de maneira inapelável. Empatado o jogo: Fluminense 1 × Corinthians 1.

Não havia tempo para mais nada. O juiz apitou, e os jogadores correram para o vestiário, com exceção de Paulo César Caju, que permaneceu em campo dando entrevistas para os repórteres do jornal esportivo francês *L'Equipe*.

Reiniciado o segundo tempo, o jogo se transformou praticamente num duelo particular entre o Roberto Rivellino do Corinthians e o goleiro Castilho, do Fluminense.

Rivellino acertou três tirambaços da entrada da grande área, que o arqueiro do Fluminense defendeu de forma milagrosa. É verdade que, além de sua habilidade, Castilho, naquela tarde, contava também com o fator sorte.

Duas faltas batidas impecavelmente pelo Roberto Rivellino do Corinthians (uma na forquilha esquerda, outra na forquilha direita) acabaram atingindo o travessão. E um leve toque do mesmo Rivellino encobrindo Castilho já vencido foi desviado espetacularmente por Pinheiro em cima da linha, antes que a bola atingisse o gol.

No finzinho, aos 44 do segundo tempo, Branco cometeu falta do lado direito da entrada da grande área em Sócrates. Marcelinho queria bater, mas o Roberto Rivellino do Corinthians não deixou. Ajeitou a bola com carinho, enquanto o Fluminense formava a barreira. O Roberto Rivellino do Fluminense fez questão de ser um dos cinco integrantes.

No estádio, todos esperavam por mais um tirambaço, quem sabe convertido em gol, quem sabe novamente defendido de maneira espetacular por Castilho ou quem sabe beijando a trave mais uma vez. Mas o que se viu mais parecia uma jogada ensaiada. O Roberto Rivellino do Corinthians levantou a bola com um leve toque no meio da barreira, exatamente na cabeça do Roberto Rivellino do Fluminense. Com habilidade e de costas, ele cabeceou para trás, no ângulo esquerdo, num lugar que o voador Castilho não conseguiu alcançar. Corinthians, 2 × 1.

O jogo foi reiniciado, mas já não havia tempo para a reação tricolor. Dois minutos depois, o juiz deu a partida por encerrada, e, enquanto a massa corintiana comemorava mais uma vitória no seu "Salão de Festas do Morumbi", o Roberto Rivellino do Fluminense pediu ao Roberto Rivellino do Corinthians que lhe desse a sua camisa como recordação daquela tarde inesquecível.

Enquanto isso, Paulo César Caju declarava aos repórteres do *Nice Matin* que cobriam o jogo: "*Gagner du Corinthians avec un Rivellino est difficile; mais avec deux est impossible*".

NOTAS DE RODA-OS-PÉS

• O Fluminense foi fundado em 1902; o São Paulo, em 1930.

• Em 1914, o Fluminense contratou o jogador Carlos Alberto, do América Carioca. Carlos Alberto era mulato e, preocupado em disfarçar a cor da sua pele (já que o Fluminense era tido como um time de brancos aristocratas), resolveu passar pó de arroz no seu corpo. A torcida tricolor percebeu e gostou do disfarce. Em homenagem a Carlos Alberto, passou a usar o pó de arroz nas suas comemorações, particularmente para saudar a entrada da equipe em campo.

• Essa história de rímel, blush, base e batom dos são-paulinos é pura sacanagem de corintianos, palmeirenses e santistas. Só isso.

• Paulo César Caju ganhou esse apelido porque realmente gostava de tingir seus cabelos de acaju. Ele jogou na França, no Olympique de Marselha, entre 1974 e 1975.

• O ITA (Instituto Tecnológico de Aeronáutica) faz parte do Departamento de Ciência e Tecnologia Aeroespacial e está localizado em São José dos Campos, Estado de São Paulo. Foi nesse instituto, hoje mundialmente conhecido, que começaram a ser desenvolvidos os aviões da Embraer, utilizados em diversos países.

• O famoso gesto de ir buscar a bola dentro do gol brasileiro e levá-la debaixo do braço até o meio de campo para reiniciar o jogo foi de Didi, na partida Brasil × Suécia, final do Campeonato Mundial de 1958.

• O *L'Equipe* representa para os torcedores franceses a mesma coisa que o *La Gazzetta dello Sporto* representa para os italianos e o *Lance!* representa para os brasileiros.

• O *Nice-Matin* é o principal jornal da Riviera Francesa.

• Frase de Paulo César Caju traduzida para o português: "Ganhar do Corinthians com um Rivellino é difícil; mas com dois é impossível."

RIVELLINO

Na época em que o Santos tinha um Rei chamado Pelé, o Corinthians também teve seu Reizinho. Chamava-se Roberto Rivellino, e para muitos ele foi não só o jogador mais capacitado tecnicamente da história do clube como um dos maiores do mundo em todos os tempos. Que o diga o argentino Diego Maradona, um fã declarado do brasileiro, seu ídolo de infância. Certa vez, ao ser perguntado sobre quem era o melhor entre os dois, Maradona respondeu sem piscar: "Rivellino, é claro...".

Durante os exatos dez anos em que vestiu a camisa alvinegra, do início de 1965 ao final de 1974, Rivellino foi, acima de tudo, o próprio Corinthians. De seus pés saía a alegria de cada vitória importante. Em seus ombros, era depositado o ônus de todas as derrotas. Seu chute com a perna esquerda, de tão poderoso, acabou apelidado de "patada atômica" durante a Copa do Mundo de 1970, na qual ajudou o Brasil a chegar ao tricampeonato mundial, no México. Os dribles de Rivellino, curtos, desconcertantes, eram uma herança dos três anos em que jogou futebol de salão pelo Banespa. Depois disso, bastou adaptá-los ao gramado. O mais desconcertante desses dribles era chamado de "elástico", uma jogada criada pelo nissei Sérgio Echigo, seu companheiro no fantástico time corintiano de aspirantes de 1964. "Que drible foi aquele, japonês?", quis saber Rivellino certa vez, em um treinamento, depois de ver o colega passando o pé esquerdo sobre a bola e saindo com ela do outro lado. Rivellino gostou tanto do lance que o aperfeiçoou, fazendo a bola rolar sobre os dedos do pé esquerdo, aplicando em seguida um corte mais longo do que o original. Nunca mais parou de executá-lo.

Com 473 partidas, Rivellino aparece em nono lugar entre os dez jogadores que mais vezes vestiram a camisa corintiana. Com seus 144 gols, é o 11º na lista dos maiores artilheiros. Só não sabia cabecear nem cobrar pênaltis, síndrome que adquiriu após desperdiçar sua cobrança em um jogo contra o Comercial de Ribeirão Preto que eliminou o Corinthians do Torneio Laudo Natel de 1972. "Eu simplesmente não sabia, não tinha cacoete para bater", assume. Bem que tentava, nos treinos, mas, de cada três, só acertava um. Seu maior pecado, no entanto, foi mesmo não ter sido campeão pelo Corinthians.

Filho de seu Nicola e de dona Olanda, Roberto Rivellino – com dois eles, apesar de seu nome ter sido grafado durante toda a carreira de jogador com um ele só –, nasceu em um dia especial, 1º de janeiro de 1946. Da infância, trouxe a paixão pelos pássaros, que sempre colecionou, e o gênio explosivo. Quando criança, se seu time estivesse perdendo durante as peladas do Colégio Meninópolis, Rivellino chorava. Por isso, o padre Carlos, um de seus primeiros professores, tinha de pedir aos outros garotos para deixá-lo fazer pelo menos um gol. "Realmente, eu sempre tive um temperamento forte", diagnosticou o próprio Rivellino anos depois, ao ser lembrado desse fato. Em casa, era chamado de Betinho. Na escola, fez até o antigo quinto ano primário, no Colégio 12 de Outubro. Nunca fumou e costumava dormir abraçado à sua bola de capotão número 5.

O talento de Roberto Rivellino para jogar futebol começou a aparecer no Clube Atlético Indiano, da várzea paulistana, e no futebol de salão do Esporte Clube Banespa, o então Banco do Estado de São Paulo. Era palmeirense de nascimento, principalmente por influência do pai, Nicola, mas foi no São Paulo, em 1958, que tentou a sorte pela primeira vez em um clube profissional. O responsável pelas categorias de base do São Paulo à época era o ex-goleiro Caxambu, que não conseguiu enxergar futebol naquele garotinho miúdo, que, por isso mesmo, era sempre escalado na ponta-esquerda. Somente aos 15 anos, quando Rivellino já estava mais encorpado, deixaram-no ir para o meio-campo, de onde não saiu mais.

Em 1962, Rivellino seria rejeitado também pelo seu time do coração, o Palmeiras, em uma polêmica história que até hoje gera muitas versões. "Fomos quatro vezes ao treino do Palmeiras, e se, nessas quatro oportunidades, eu treinei uns 15 minutos, foi muito. E me colocavam sempre no finzinho, quando o pessoal já não queria nada", queixa-se Rivellino. Ao relembrar essa passagem da vida do filho, seu Nicola invariavelmente costumava reclamar que "deixaram o menino do lado de fora, passando frio". O técnico era Mário Travaglini, que depois se consagraria no Palmeiras, no Corinthians, no Vasco e no Fluminense, entre outras grandes equipes. Segundo Travaglini, Rivellino o procurou com um bilhete de apresentação de José Maria Marin, ex-jogador do São Paulo, diretor do Indiano, futuro governador interino do Estado de São Paulo e amigo do técnico palmeirense desde os tempos da Fupe, a Federação Universitária Paulista de Esportes.

Em sua recente biografia, *Mário Travaglini – Da Academia à Democracia*, o técnico relata: "Eu lembro que era uma quinta-feira e estávamos treinando em um campo auxiliar do Nacional, na Rua Comendador Souza. No domingo, disputaríamos a final do Campeonato Paulista

Juvenil com o São Paulo. [...] O Rivellino, acompanhado do seu pai, Nicola, chegou com o bilhete do Marin e pronto para treinar. Mas eu não poderia colocá-lo desde o começo, pois aquele treinamento praticamente definiria o nosso time para a grande decisão. Então, pedi para que esperasse um pouco. Ele fez cara feia, ficou resmungando baixo. [...] Quando faltavam uns 15, 20 minutos para o fim do coletivo, coloquei o Rivellino no time reserva. Foi, de fato, um tempo muito curto, mas pude ver que ele era diferente, que tinha um algo a mais que os outros. Por isso, quando apitei o fim do coletivo, fui até ele e disse: 'Olha, garoto, você realmente é muito bom, é especial. Aliás, nem precisaria ter feito um teste, porque, se quem o indicou para mim foi o Marin, é porque você sabe jogar. O problema é que o nosso juvenil está na decisão do Campeonato Paulista e eu não tenho, neste momento, como resolver tudo sobre a sua contratação. Faz o seguinte: deixa a gente disputar a final, que é no domingo, e na semana que vem você volta aqui, me procura e a gente assina o contrato'". Mas Rivellino não voltou.

Naquela mesma época, talvez um pouco antes, José Andreotti, presidente do Indiano, convidou para um churrasco João Serino, o técnico responsável pelo departamento de futebol amador do Corinthians. Serino aproveitou a oportunidade para observar alguns jogadores e, ao ver Rivellino jogar, ficou encantado. Mas, na hora, ouviu de um diretor do Indiano chamado Paulo Laguna o seguinte comentário: "Esse não adianta você querer levar para o Corinthians, porque ele é palmeirense". Antes mesmo que Serino pudesse responder, um senhor sentado ao seu lado contradisse Laguna e pediu um cartão de apresentação. Era seu Nicola, o pai de Rivellino.

No Corinthians, Rivellino foi aprovado na hora pelo histórico José Castelli, o Rato, craque corintiano nos tricampeonatos de 1922/23/24 e 1928/29/30, que, durante décadas, cuidou das categorias de base alvinegras. Mas Rivellino só voltaria a procurar o Corinthians cerca de um mês e meio depois, quando estava irritado com a indefinição no

Palmeiras. Ao chegar, seu contrato de amador já estava pronto. Menor de idade, teve que levá-lo para o pai assinar. E tornou-se, dali para a frente, corintiano.

O ano era 1963. Em seu primeiro jogo pelos juvenis do Corinthians, "Maloca", como era então chamado – por reclamar demais dos juízes e dos adversários –, foi muito bem. No segundo, marcou até gol. Nunca mais saiu do time – aliás, de time nenhum. Em menos de dois anos, entre os 17 e os 19 de idade, deixaria os juvenis, passaria para os aspirantes, já com o nome de Rivellino, e chegaria aos profissionais. Media 1,68 metro e, naqueles primeiros tempos de carreira, pesava 63 quilos, o que reforçava as já crescentes comparações com o franzino Luizinho, último grande ídolo corintiano. Como o Pequeno Polegar, aliás, Rivellino começou a ser apresentado à Fiel nas preliminares dos jogos da equipe principal, que, na época, eram feitas pelos aspirantes.

Naquele 1964, o Corinthians formou um time de aspirantes inesquecível: Barbosinha, Ari Ercílio, Mendes, Batista e Jorge Correia; Édson e Rivellino; Sérgio Echigo, Manoelzinho, Osmar e Bazani. Destacavam-se o zagueiro Mendes, o ponta-direita Sérgio Echigo, mas, principalmente, o próprio Rivellino. O torcedor corintiano chegava mais cedo aos estádios só por causa deles, pois, dizia-se, era muito melhor ver aqueles meninos em campo do que o time de profissionais, correndo havia uma década atrás de um título que não chegava, desde o já longínquo 1954, ano do legendário IV Centenário. Naquele 1964, o Corinthians foi campeão com uma única derrota, para o Guarani, em Campinas, por 2 a 1. O ataque fez 67 gols, a defesa sofreu 22. Rivellino marcou 11 vezes e participou de todos os jogos. Já naquele final de 1964 havia uma forte pressão da torcida e da imprensa para que ele entrasse no time que disputou o título paulista com chances até a penúltima rodada, terminando em terceiro lugar após uma derrota por 7 a 4 para o Santos de Pelé, que seria o campeão. Antes mesmo que Rivellino estreasse no time principal, seu talento já havia chamado a atenção do Milan, da Itália, e do

Vasco. Mas o técnico corintiano da época, Roberto Belangero, um dos heróis da conquista de 1954, chamou-o em um canto e tratou de abrir o jogo: "Não vou colocá-lo na equipe, apesar de achar que você tem muitas condições. Tenha calma: a sua hora vai chegar". E chegou logo.

Foi em uma noite de quarta-feira, 13 de janeiro de 1965, que Rivellino fez seu primeiro jogo pelo time principal do Corinthians, durante uma excursão da equipe ao Nordeste. O adversário era o Santa Cruz, derrotado por 3 a 0, pelo Torneio Pentagonal do Recife. Menos de duas semanas antes, ele havia completado 19 anos. Naquele dia, vestindo a camisa 8, marcou seu primeiro gol como profissional, o terceiro do Corinthians naquele jogo. Seu salário saltara de 8 para 200 mil cruzeiros, mais 5 milhões de cruzeiros de luvas por um contrato de dois anos, assinado ainda em 1965. Com aquele dinheiro, Rivellino tratou logo de comprar um Fusca azul, para vencer os 22 quilômetros que separavam sua casa, na Rua Joaquim Guarani, no bairro do Brooklin, do Parque São Jorge, na zona leste da cidade, onde o Corinthians treinava e eventualmente jogava. Em 1968, Rivellino já era dono de um Karmann-Ghia último tipo. A seguir, de um Opala.

Rivellino começou entre os profissionais fazendo a dupla de meio-campo com Dino Sani, um veterano às portas dos 33 anos. Foi ainda em 1965 que Rivellino ganhou seu primeiro apelido, dado pelo locutor Geraldo José de Almeida: "Garoto do Parque". Só depois, em 1968, o "Garoto" viria a ser promovido a "Reizinho". O "Reizinho do Parque", epíteto criado pelo jornalista Antônio Guzman em sua coluna "As 20 Notícias", no jornal *Diário da Noite*. No final do ano seguinte, 1966, Rivellino já era considerado o principal jogador da equipe, assediado por propostas vindas, principalmente, de clubes italianos, como Lazio e Inter.

Em uma tarde de domingo, 20 de novembro de 1966, em Ribeirão Preto, Rivellino vestiu pela primeira vez a mística camisa 10 corintiana. Para aquele jogo contra o Comercial pelo segundo turno do Campeonato Paulista, que terminou empatado por 0 a 0, o técnico Zezé Moreira não pôde contar com o titular Tales, machucado. Assim, Rivellino, até então o camisa 8, teve que ir para o meio-campo exercer uma nova função, na meia-esquerda, vestindo a 10. Dali para a frente, o torcedor corintiano se acostumaria a ouvir as escalações primeiro com Nair e Rivellino, depois com Édson e Rivellino e, finalmente, com Tião e Rivellino. Mas sempre com ele ocupando a segunda função no meio do campo, com a indefectível camisa 10.

Intensifica-se, então, a incessante busca de Roberto Rivellino e do Corinthians pelo título paulista, que havia sido conquistado pelo clube pela última vez em fevereiro de 1955, quando seu principal jogador tinha apenas 9 anos de idade. A rigor, Rivellino seria diversas vezes campeão com a camisa alvinegra, sempre em torneios menores. Como o Pentagonal do Recife, logo em sua estreia, em 1965; a Copa Cidade de Turim, na Itália, o Torneio Rio-São Paulo (dividido com Botafogo, Santos e Vasco por falta de datas para um desempate) e a Taça Laudo Natel, todos em 1966. O Triangular de Goiânia, em 1967; os torneios Costa del Sol, na Espanha, e Apolo V, nos Estados Unidos, em 1969; e os até relativamente festejados Torneios do Povo, conquistado com um gol de falta do próprio Rivellino na final contra o Inter-RS, em 1971, e Laudo Natel, em 1973. Mas faltava o título paulista.

O ano de 1970 é o da consagração de Rivellino na Seleção Brasileira, na qual ele havia estreado já em 1965 e passara a defender com maior frequência a partir de 1968. Com os canhotos Gérson, Rivellino e Tostão juntos no mesmo time, o Brasil conquistou o tricampeonato mundial, no México. A participação de Rivellino, deslocado de sua posição original com a camisa 11, foi decisiva. Jogou cinco das seis partidas e marcou três gols. Ainda com a camisa amarela da Seleção, Rivellino jogaria as Copas de 1974, na Alemanha, e 1978, na Argentina, somando 120 jogos e 40 gols.

Do México, ele parecia voltar mais maduro, e não só por causa do bigode, que se tornaria sua marca registrada (e por pouco não foi raspado nas comemorações do tri pelos brincalhões Brito e Gérson). Na manhã do dia 27 de junho de 1970, um sábado, Rivellino entrava para o rol dos homens sérios ao se casar com Maysa. À tarde, com o goleiro Ado, reserva de Félix na Copa, foi homenageado como um dos dois atletas do clube tricampeões do mundo, momentos antes de um jogo do Corinthians contra a Ponte Preta, no Parque São Jorge. Três semanas depois, em um clássico contra o São Paulo que terminou empatado por 1 a 1, Rivellino já estava de volta à inglória tarefa de dar um título ao Corinthians, que, naquele Paulistão, terminaria em quinto lugar.

Terceiro colocado em 1971, quarto em 1972, semifinalista do Campeonato Brasileiro naquele mesmo ano, quarto de novo em 1973. Nas inúmeras vezes em que lhe perguntaram por que o Corinthians nunca era campeão, Rivellino culpava a "falta de sorte". Hoje, mais maduro, analisa friamente: "É que Santos e Palmeiras, em um segundo momento o São Paulo e, algumas vezes, até a Portuguesa tinham times melhores que o nosso". Em 1974, ele teve sua melhor oportunidade para mudar o rumo dessa história.

O Corinthians completava duas décadas longe do título de campeão paulista e 17 anos sem a chance de sequer poder disputá-lo diretamente em um jogo decisivo. Na última vez em que isso acontecera, em 1957, havia perdido para o São Paulo por 3 a 1. Mas, naquele 1974, tudo parecia diferente. Reforçado pelo veterano zagueiro Brito, de 35 anos, companheiro de Rivellino na Seleção Brasileira campeã do mundo em 1970, e pelo habilidoso atacante Zé Roberto, o time derrotou o São Paulo por 1 a 0, com um gol do próprio Zé Roberto, e foi o campeão do primeiro turno. Com isso, garantiu presença na decisão do campeonato contra o vencedor do segundo turno, isso se o próprio Corinthians não ganhasse o returno e fosse campeão direto, sem a necessidade de uma final. Mas, logo no primeiro jogo da segunda parte do campeonato, acontece um problema envolvendo Rivellino.

O jogo era contra o Botafogo de Ribeirão Preto, em uma tarde de sábado, no acanhado Parque São Jorge, o estádio corintiano. Em uma jogada do ataque adversário que envolveu dois nomes futuramente bem conhecidos da Fiel, Sócrates lança o centroavante Geraldão, que marca o gol da vitória botafoguense. O time todo cerca o bandeirinha Mário Molina pedindo impedimento, e Rivellino, no calor da discussão, acaba agredindo Molina com um pontapé. "Perdi a cabeça e dei um cutucão no tornozelo dele", confessa em sua biografia. Mais uma prova do temperamento explosivo do craque, que até o surgimento de Marcelinho, nos anos 90, ostentava o pouco honroso título de jogador mais vezes expulso de campo na história corintiana, com 13 cartões vermelhos. Como o árbitro Sílvio Acácio da Silveira relatou a agressão na súmula, Rivellino teve que ir a julgamento e poderia pegar uma grande suspensão.

Para o craque, foram 23 dias de angústia e expectativa. Na noite do julgamento, finalmente realizado no dia 5 de novembro de 1974, no prédio da Federação Paulista de Futebol, com transmissão ao vivo pela TV, Rivellino foi dormir mais cedo. "Saber da pena antes ou depois daria no mesmo", justificou. À 1h30 da manhã, a mulher Maysa o acordou para contar o veredito: pena de cinco jogos. Ele poderia, assim, enfrentar o Palmeiras, campeão do segundo turno, nos dois jogos da decisão, marcados para os dias 18 e 22 de dezembro.

A primeira partida foi no Pacaembu, em uma noite de quarta-feira. O Palmeiras saiu na frente, com um gol do ponta-direita Edu logo aos 54 segundos de bola rolando. Lance empatou para o Corinthians dois minutos depois, e aí não aconteceu mais nada. Ficava tudo para o domingo. De olho em uma maior arrecadação – naquele dia, 120.522 pessoas bateram o recorde de público nos jogos em São Paulo, entre as quais seguramente cerca de 100 mil eram corintianas –, o presidente Vicente Matheus, do Corinthians, concordou com a realização daquela segunda partida no Morumbi, mesmo sabendo que o gramado, recém-plantado, não estava em boas condições. Naquela tarde cinzenta, aos 24 minutos do segundo tempo, com um gol de Ronaldo, o Palmeiras deu o xeque-mate em um jogo igual até ali em sua mediocridade. Enquanto a massa corintiana deixava o estádio em silêncio, a minoria palmeirense tripudiava sobre a entrada do 21º ano do Corinthians de Rivellino longe de um título: "Zum-zum, zum-zum, é vinte e um... Zum-zum, zum-zum, é vinte e um...".

Terminado aquele jogo fatídico, Rivellino saiu do estádio a pé, andando pelas ruas do Morumbi até chegar a seu apartamento. Nos dias seguintes, começou o linchamento público, a caça de um bode expiatório para a derrota corintiana. Rivellino acabou sendo o escolhido, em um processo que envolveu a imprensa – principalmente, segundo o próprio jogador, o então jornalista e hoje empresário J. Hawilla. "Vieram para cima de mim com uns papos pegajosos, dizendo que entreguei o jogo", resume. No dia 28 de janeiro de 1975, o passe de Rivellino era vendido por 3 milhões de cruzeiros ao Fluminense, que começava a montar um grande time, apelidado de "máquina".

A estreia de Rivellino no Fluminense foi justamente contra o Corinthians, no Maracanã, em um dos dois amistosos acertados entre os dois clubes como parte do pagamento de seu passe. Naquele sábado de carnaval de 1975, Rivellino esteve infernal, marcando três vezes na goleada do Fluminense por 4 a 1. No jogo de volta, em São Paulo, a torcida dava o troco à sua maneira, com uma faixa que soava como despeito: "A Fiel já esqueceu o "ruinzinho" do Parque". Aquele jogo terminou com nova vitória do Fluminense, dessa vez por 2 a 1, com Rivellino marcando mais uma vez. "Rivellino??? Esse nome me dá arrepio...", brincava em seu programa semanal o humorista Jô Soares, intérprete do personagem Gavião, que havia colocado o nome de Rivellino no próprio filho e se arrependera após a saída do craque.

Longe do Corinthians, a vida de Rivellino continuou, primeiro no Fluminense, time no qual ele finalmente conseguiu ser Campeão (aliás, Bicampeão Carioca, em 1975 e 1976), depois no El Helal, da Arábia Saudita, no qual também ganhou vários títulos e acabou encerrando a carreira, em 1981. Voltaria a brilhar, ainda, na Seleção Brasileira de Masters, comandada pelo jornalista Luciano do Valle, em 1987. Fora dos campos, teve um posto de gasolina em sociedade com o irmão, Abílio, que também chegou a jogar pelo Corinthians. Manteve uma escolinha de futebol em sociedade com o ex-companheiro Ado, foi comentarista de televisão e teve uma curta passagem como técnico do Shimizu S-Pulse, do Japão, no início dos anos 90. Hoje, Rivellino mantém uma quadra de futebol-soçaite no Brooklin.

Os caminhos de Roberto Rivellino e do Corinthians voltariam, ainda, a se cruzar em algumas outras oportunidades. Como em 1988, quando ele voltou a vestir a camisa alvinegra em um jogo festivo contra o Corinthian-Casuals, da Inglaterra, atuando ao lado de Sócrates e de jogadores veteranos. Ou em outubro de 2003, quando foi apresentado como gerente de futebol ao lado do técnico Júnior. Sem que ninguém soubesse, jogador e clube haviam permanecido unidos ainda por um bom tempo. Desde o dia em que Rivellino deixou o Parque São Jorge – e por mais 15 anos, até 1990 –, todos os dias, seu Paulo, o roupeiro corintiano, continuou cumprindo o mesmo ritual. Preparava o material para o treinamento no armário de Rivellino, como se fosse qualquer outro jogador, com sungas, calção, meias, camisetas, chinelos, ataduras, toalhas, sabonete. Depois, fechava o armário, que tinha o número 10 e um nome inconfundível escrito na porta: "Rivellino". Ao saber disso, o meia-esquerda Neto quis ficar com o armário que foi de seu ídolo de infância. Para dar-lhe a chave, o velho seu Paulo só pediu que ele o honrasse. E Neto o honrou, fazendo até mesmo o que Rivellino tanto tentou, mas nunca conseguiu: ser campeão pelo Corinthians.

CASTILHO

Ele é o jogador que até hoje mais vestiu a camisa do Fluminense, em 702 jogos ao longo de quase 20 anos, de 1946 a 1964. Em 255 dessas partidas (o equivalente a 36% do total), conseguiu sair de campo sem sofrer um único gol. Esteve presente em quatro Copas: na de 1950, como reserva de Barbosa; na de 1954, como titular; e nas de 1958 e 1962, quando se sagrou bicampeão mundial na reserva de Gilmar.

Carlos José Castilho, o Castilho, nascido no dia 27 de novembro de 1927, no Rio de Janeiro, foi realmente um goleiro mitológico.

Fazia defesas milagrosas, que, para a torcida e para a crônica esportiva de sua época, o transformaram em "São Castilho". Foi o primeiro goleiro do Brasil a ser "canonizado" pelos seus milagres. Outro apelido que pegou foi "Leiteiro", ou "Leiteria". Uma referência à sua sorte, que fazia com que a bola muitas vezes batesse em suas traves e não entrasse, quando não lhe voltava direitinho às mãos. Certa vez, em um Fla-Flu, isso aconteceu nada menos que cinco vezes! Em outro jogo, contra o América, em 1951, foram mais quatro bolas na trave. Seguidas. Mas por que essa relação de sorte com leite? Acontece que, na época em que Castilho jogava, um certo entregador de leite do bairro das Laranjeiras, onde fica a sede do Fluminense, teria ganhado duas vezes na Loteria Federal. A relação entre leiteiro, Castilho e boa sorte ficou para sempre.

Castilho, porém, era muito mais que um goleiro sortudo. Mesmo medindo apenas 1,81 metro (baixo para o padrão da época), era sóbrio, frio e seguro. Especialista em defender pênaltis, sempre bem colocado, dono de reflexos apurados, era daltônico, e acredita-se que essa disfunção óptica, que afeta a distinção de algumas cores, ajudava-o a enxergar como sendo vermelhas, portanto com maior nitidez, as bolas de couro marrons e alaranjadas de sua época.

Começou a trabalhar aos 12 anos, em uma carvoaria, para ajudar o pai, Ezequiel, dono de um pequeno comércio, e a mãe, Mariana, dona de casa. Aos 13, largou os estudos para trabalhar justamente numa leiteria. Dois anos depois, foi levado pelo pai de Ademir de Menezes, o coronel Menezes, para treinar primeiro no Olaria, depois no Fluminense, onde chegou no início de 1946. Após o terceiro treino, o técnico Gentil Cardoso aprovou a contratação de Castilho, e o jovem goleiro estreou, aos 19 anos, em um amistoso na cidade de Pouso Alegre, em Minas Gerais. De cara, não sofreu nenhum gol (o Fluminense goleou por 4 a 0) e ainda defendeu o primeiro de muitos pênaltis. Naquele mesmo ano, o Fluminense era campeão carioca, ainda com Robertinho como titular.

Na equipe principal do Fluminense, Castilho estrearia somente no dia 6 de abril de 1947, em um jogo contra o Vasco, em São Januário, que seu time ganhou por 5 a 4. No segundo turno do Campeonato Carioca daquele mesmo ano, assumia a posição de titular – para deixá-la somente 17 anos depois. Jogando ao lado dos zagueiros Píndaro e Pinheiro, Castilho formou uma das defesas mais seguras da história do futebol brasileiro. Em 1951, foi um dos principais responsáveis pela conquista do Campeonato Carioca pelo Fluminense, com uma equipe que entrou para a história com o nome de "Timinho", pelas vitórias apertadas por 1 a 0 que conseguia. Em 1952, o título estadual ficou com o Vasco, mas Castilho continuou brilhando, ao defender seis pênaltis durante a competição, inclusive um executado por seu amigo Ademir de Menezes, craque do Vasco. Na semana daquele jogo, os dois haviam se encontrado no centro da cidade, e Castilho estava com o braço esquerdo na tipoia. Comentou que era por causa de um furúnculo no cotovelo. No domingo, quando o árbitro marcou pênalti para o Vasco, Ademir lembrou-se do fato e bateu forte, no canto esquerdo. Castilho, porém, espalmou para escanteio. Depois, foi até Ademir e perguntou: "Você achou que eu não ia me lembrar da nossa conversa?".

Foram várias as lesões graves que obrigaram Castilho a se afastar do time por semanas, às vezes até por meses. Em certa ocasião, ao ser informado pelo médico Newton Paes Barreto de que teria de passar meses tratando de uma lesão no dedo mínimo da mão esquerda, optou pela amputação parcial, só para voltar mais rapidamente aos gramados. Da operação, que afinal foi feita, a única coisa de que lembrava era de uma frase do médico, ouvida pouco antes que a anestesia começasse a fazer efeito: "Castilho, você é louco".

Ainda em 1952, ajudou, e muito, o Fluminense a conquistar a segunda Copa Rio, espécie de minimundial de Clubes realizado no Brasil, superando o Corinthians nas finais. Ganharia, ainda, mais dois títulos cariocas, em 1959 e 1964, e os torneios Rio-São Paulo de 1957 e 1960. Pela Seleção Brasileira, depois de ficar na reserva de Barbosa durante toda a Copa de 50, realizada no Brasil, Castilho assumiu o posto de titular no Campeonato Pan-Americano de 1952, realizado no Chile. Trouxe de lá a primeira taça do Brasil jogando no exterior e ganhou dos chilenos mais um apelido: "Cortina Metálica". Titular também na Copa do Mundo de 1954, na Suíça, voltou desclassificado nas quartas de final pelo legendário time da Hungria e acabou perdendo o posto após o surgimento de Gilmar, na reserva do qual Castilho esteve e ganhou as Copas do Mundo disputadas na Suécia e no Chile. Entre 1965 e 1967, Castilho encerrou a carreira de jogador e começou a de técnico no Paysandu, de Belém, no Pará. Foi também um treinador de prestígio, com vários títulos conquistados no próprio Paysandu, no Operário de Campo Grande, em Mato Grosso do Sul, e no Santos, pelo qual ganhou o Campeonato Paulista de 1984. No dia 2 de fevereiro de 1987, ao saber que era portador de uma doença incurável, Carlos Castilho voou para a morte, atirando-se da cobertura do edifício em que morava, no bairro de Bonsucesso, na zona norte do Rio de Janeiro.

CORINTHIANS
×
MANCHESTER UNITED

OS TIMES

CORINTHIANS

Em campo:
Gilmar, Zé Maria, Gamarra, Wladimir, Roberto Belangero, Neto, Rivellino, Marcelinho Carioca, Casagrande, Ronaldo, Sócrates.

No banco:
Dino Sani, Fred Rincón, Carlito Tevez.

MANCHESTER UNITED

Em campo:
Peter Schmeichel, Dennis Irwin, Nemanja Vidic, Steve Bruce, Bobby Charlton, David Beckham, Duncan Edwards, Ryan Giggs, George Best, Denis Law, Cristiano Ronaldo.

No banco:
Brian Robson, Paddy Crerand, Eric Cantona.

ALFREDO MARCANTONIO ESCALOU O MANCHESTER UNITED

O Manchester United de todos os tempos foi escalado pelo publicitário Alfredo Marcantonio. Inglês de nascimento, neto de italianos e estudioso do futebol, Marc é também um dos grandes redatores da história da publicidade mundial e autor do clássico livro *Remember Those Great Volkswagen Ads?*.

Escalou o seu Manchester de todos os tempos, mas, como torce para o Arsenal, só aceitou a incumbência com a condição de o autor deste livro se comprometer a publicar também o seu Arsenal de todos os tempos. Promessa é dívida.

Arsenal em campo:

David Seaman, Lee Dixon, Tony Adams, David O'Leary, Patrick Vieira, Cesc Fabregas, Liam Brady, Emmanuel Petit, Dennis Bergkamp, Ian Wright, Thierry Henry.

No banco:

Pat Jennings, Cliff Bastin, Alex James.

O JOGO

O Corinthians de todos os tempos × o Manchester United de todos os tempos foi o jogo dos Ronaldos: o verdadeiro, Ronaldo Fenômeno, e o imitador, Cristiano Ronaldo.

Com sua vivência internacional e senso de humor *a little bit English, but totally Brazilian,* Ronaldo Fenômeno decidiu, antes do jogo, que passaria a partida distraindo o português com seus comentários. Essa tática faria com que os dois praticamente não jogassem, coisa que favorecia a equipe brasileira, repleta de outros grandes craques que poderiam decidir a partida a qualquer momento, e prejudicaria a equipe inglesa, com muitos *wood legs* e, por consequência, com uma enorme dependência do futebol do português.

O Fenômeno sabia que a tática, apesar de correta, seria fisicamente exaustiva para ele, já que muitos dos seus comentários teriam que ser repetidos duas ou até três vezes até que o gajo entendesse. Mas sabia também que o sacrifício valeria a pena.

Mal iniciada a partida, Cristiano Ronaldo foi lançado em profundidade por George Best, e disparou pela ponta-direita. Ronaldo correu até ele e disse que Ronaldo bom mesmo, além dele, o Fenômeno, era o Ronaldinho Gaúcho, e enquanto Cristiano tentava entender o que tinha ouvido, Wladimir tomou-lhe a bola, iniciando um belo contra-ataque corintiano. Lançou Rivellino, que driblou David Beckham enquanto este retocava a maquiagem e centrou para Casagrande ("Big House"), que só não fez o gol porque foi atropelado por Bobby Charlton.

O juiz não marcou a falta, o Manchester ficou com a posse de bola e tentou insistir mais uma vez pelos pés de Cristiano Ronaldo, agora pela esquerda. Ronaldo Fenômeno, por sua vez, resolveu insistir novamente – pelas orelhas do português. Com um novo e sutil comentário, disse que, por jogar em Londres, ele devia se chamar Christian Ronald, em vez de Cristiano Ronaldo, mas que Ronald bom mesmo era o seu filho com a Milene, que, por sinal, vivia com a mãe em Madri, uma cidade quente e ensolarada, diferente daquela Londres fria e cinzenta.

Cristiano Ronaldo dessa vez entendeu o comentário de primeira, teve uma súbita saudade da praia do Guincho, em Lisboa, e, assim, distraído, perdeu a bola para Zé Maria, que esticou para Marcelinho, que lançou a Sócrates. O "Doctor" fintou com o corpo a Dennis Irwin, escapou de Steve Bruce, que vinha na cobertura, e, quase sem ângulo, tocou no canto esquerdo de Peter Schmeichel. Corinthians, 1 a 0.

Nas comemorações do gol, Casagrande ensaiou alguns passos de rock'n'roll bem em frente à tribuna de honra, onde estava a Rainha Mãe, e Ronaldo aproveitou a oportunidade para dizer que rock bom mesmo não era nem o dos Beatles, nem o dos Rolling Stones: era o rock'n'roll feito no Brasil por Lulu Santos, Titãs, Paralamas do Sucesso e pela banda "Ronaldo e os Impedidos", do ex-goleiro corintiano Ronaldo, campeão brasileiro de 1990. Cristiano Ronaldo ouviu, pensou, refletiu, repensou e, finalmente, respondeu que, na verdade, gostava mesmo era de fados, como os de Amália Rodrigues. Ronaldo Fenômeno concordou que, realmente, existiam alguns fados muito bonitos, citou o jovem fadista António Zambujo, mas acrescentou que, em matéria de qualidade musical, nada se comparava a canções brasileiras como "Cais", de Ronaldo Bastos, ou clássicos da bossa-nova, como "O Pato".

Não deu nem tempo de Cristiano Ronaldo perceber que aquele comentário sobre "O Pato" era uma ironia com ele. Enquanto os dois conversavam, o Corinthians fazia o segundo gol pelos pés de Roberto Rivellino. Cristiano Ronaldo, desesperado, reclamou com a sua defesa. Disse que a marcação era fraca.

Ronaldo Fenômeno aproveitou para debochar: "Você tem razão. O Manchester precisa contratar um zagueiro como o Ronaldão da Seleção Brasileira de 1994".

Aquele comentário foi a *water's drop*. Cristiano Ronaldo partiu pra cima do Fenômeno, que, cinicamente, disse que, nervosinho daquele jeito, ele estava parecendo o Ronaldo Esper. A coisa tinha tudo pra ficar feia, mas os dois foram apartados pela Royal Guard, e o jogo seguiu até o final do primeiro tempo sem grandes novidades.

No início do segundo tempo, os dois times voltaram com substituições: o Corinthians com Neto ("Grandson") no lugar de Ronaldo, que, totalmente rouco, pediu para sair; e o Manchester com Paddy Crerand no lugar de David Beckham, que tinha cabeleireiro, pedicure, manicure e aplicação de Botox marcados para aquela mesma tarde.

As substituições não alteraram em nada o resultado da partida. Cristiano Ronaldo, em campo, era figura nula, mais preocupado em tentar entender alguns outros comentários feitos por Ronaldo Fenômeno, ainda no primeiro tempo, do que em jogar futebol. E, assim, o Corinthians, acomodado com o resultado, resolveu tocar a bola e deixar o tempo no Big Ben passar.

Nas arquibancadas, membros do tradicional Corinthian-Casuals, inspirador do Sport Club Corinthians Paulista, comentavam: "Esse Corinthians do Saint George Park é *fabulous*. Aperfeiçoou o que Charles Millller inventou, tem o Ronaldo verdadeiro e não dá '*spoon of tea*' pra ninguém".

NOTAS DE RODA-OS-PÉS

• "Wood legs": tradução fajuta da expressão "pernas de pau".

• George Best foi o mais rock'n'roll dos jogadores da história do futebol mundial. Norte-irlandês de nascimento, jogou no Manchester United de 1963 a 1974 e sempre aprontou feito louco.

• David Beckham foi o primeiro jogador a ser chamado de metrossexual, o que quer dizer um homem excessivamente preocupado com a aparência. Espertamente, comercializou essa característica da sua personalidade e ganha com ela quase tanto dinheiro quanto ganha com seu excelente futebol.

• Bobby Charlton, o ídolo do Manchester United, foi capitão da seleção inglesa nas Copas do Mundo de 1966 e 1970.

• Na Praia do Guincho, perto de Lisboa, se localiza o Porto Santa Maria, um dos melhores restaurantes de peixes e frutos do mar do mundo inteiro.

• António Zambujo é um dos fadistas da nova geração preferidos de Caetano Veloso.

• A canção "Cais" tem, além de Ronaldo Bastos, mais um autor: Milton Nascimento.

• A canção "O Pato", de Jayme Silva e Neusa Teixeira, se tranformou num clássico da MPB por meio de inúmeras gravações de João Gilberto.

• "Water's drop": tradução fajuta da expressão "gota d'água".

• O Corinthian Team, hoje uma equipe amadora, que a partir de 1939 fundiu-se com o Casuals, dando origem ao atual Corinthian Casuals, foi realmente inspirador do Sport Club Corinthians Paulista. A equipe inglesa esteve no Brasil para um amistoso contra os veteranos do Corinthians em 1988.

• "Spoon of tea": tradução fajuta da expressão "colher de chá".

RONALDO

Ronaldo é um raro exemplo de jogador que chegou ao Corinthians consagrado e, ao vestir a camisa alvinegra, tornou-se ainda maior. Os três primeiros anos de sua carreira já valeriam por uma vida, pois foram dignos do apelido que mais tarde ganharia dos italianos: "Fenômeno". Carioca do subúrbio de Bento Ribeiro, Ronaldo Luís Nazário de Lima ("Dadado" para a família, apelido dado pelo irmão Nélio), nascido no dia 22 de setembro de 1976, só começou a falar em 1980, aos 4 anos de idade. Mas, bem antes disso, já sabia chutar uma bola. Seus primeiros passos foram dados no futebol de salão do São Cristóvão, no qual, depois, passou a acumular a função de jogador de campo. O sonho de jogar no Flamengo, seu time do coração, acabou inviabilizado porque o jovem Ronaldo não tinha dinheiro para as quatro passagens de ônibus diárias entre sua casa e a sede do clube.

Descoberto pelo empresário Jairzinho – o mesmo que, como jogador, virou "Furacão" na Copa de 1970 –, ele apareceu no Cruzeiro, em 1993, marcando, em média, um gol por partida. Foi artilheiro da Supercopa Libertadores, com oito gols, além de campeão e artilheiro do Campeonato Mineiro, em 1994, com 21. No Brasileiro, fez mais 12 gols em 14 jogos, cinco deles contra o Bahia, em uma vitória do Cruzeiro por 6 a 0. Na Copa dos Estados Unidos, embora na reserva da Seleção Brasileira, conseguiu seu primeiro título mundial. Tudo isso antes de completar 18 anos.

Até 1997, o passe de Ronaldo teve uma valorização de 3.100%. Jairzinho, que o havia comprado do São Cristóvão por 25 mil dólares, vendeu-o por 500 mil dólares ao Cruzeiro, que depois o repassaria ao PSV Eindhoven, da Holanda, por 6 milhões de dólares. Os holandeses, por sua vez, fizeram negócio com o Barcelona da Espanha por 20 milhões de dólares, e, para cedê-lo, os espanhóis receberam da Internazionale, da Itália, nada menos que 32 milhões de dólares.

Por dois anos seguidos, em 1996 e 1997, Ronaldo (então chamado de Ronaldinho) foi escolhido o melhor jogador do mundo pela Fifa. Por onde passava com seu arranque, explosão física e dribles em velocidade, colecionava fãs. Era a "Ronaldomania", fenômeno que tomou a Europa e começou na Holanda, onde ele defendeu o PSV Eindhoven de 1994 a 1996. Nesse curto período, ganhou 2 centímetros de altura graças a um tratamento especial – que, no futuro, sobrecarregaria seus joelhos, causando lesões – e apenas um título: a Copa da Holanda de 1996. Em compensação, foi o artilheiro do Campeonato Holandês de 1995, com 30 gols. Ao todo, com a camisa do clube, manteve sua média próxima de um gol por partida, com 55 gols em 56 jogos.

Veio, então, o Barcelona, onde Ronaldo foi rei. Foram 47 gols em 49 jogos, alguns deles inesquecíveis, como os gols que ele fez contra o Compostela e o Valencia carregando a bola do meio do campo e enfileirando vários adversários antes de marcar. Artilheiro do Campeonato Espanhol, com 34 gols, ganhou a Copa do Rei e a Recopa em 1997. Só deixou o clube e a cidade porque a proposta da Inter de Milão, que tinha interesse nele desde os tempos do PSV, foi irrecusável.

Em sua apresentação à torcida da Inter, Ronaldo, fora de forma, jogou apenas 15 minutos contra o Manchester United. Mesmo sabendo disso antecipadamente, mais de 60 mil pessoas pagaram para vê-lo, proporcionando uma arrecadação superior a 1 milhão de dólares. Em sua primeira temporada, Ronaldo marcou 25 gols e quase levou uma equipe medíocre ao título. Em 1998, ganhou a Copa da Uefa.

A partir daí, uma contusão crônica no joelho direito começou a incomodá-lo. Mesmo sem estar na melhor condição física, Ronaldo fez uma boa Copa na França, em 1998, a ponto de ser escolhido pela imprensa como o melhor jogador da competição. A essa altura, já havia sido campeão da Copa América pela Seleção, em 1997 (ganharia o título também em 1999). Em sete jogos na Copa da França, marcou quatro gols, mas tudo o que fez foi ofuscado pelo episódio que o envolveu antes da final, em que a França derrotou o Brasil por 3 a 0 e ficou com o título. Horas antes da partida, Ronaldo teve uma espécie de convulsão, cujo motivo, apesar das especulações, ainda está por ser devidamente esclarecido. Primeiro, não jogaria. Pouco depois, seu nome acabou confirmado. Sonado em campo, pouco pôde fazer para evitar a derrota.

A partir de então, tentou se recuperar dos problemas no joelho. Em 1999, submeteu-se a uma cirurgia no tendão. Quatro meses depois, em seu retorno aos gramados, pela Internazionale, contra a Lazio, não resistiu a mais de sete minutos em campo. Caiu sozinho, com dores, e teve que ser substituído. Sua imagem participando de compromissos com os patrocinadores passou a ser muito mais frequente do que suas jogadas em campo. Mas a volta gradativa aos gramados, no final de 2001, renovou as esperanças do mundo de novamente poder aplaudir o homem, quase menino, que um dia já foi chamado de "Fenômeno".

Às vésperas da Copa do Mundo de 2002, o técnico do Brasil, Luiz

Felipe Scolari, resolveu apostar na ressurreição do "Fenômeno". E ganhou a aposta. Depois de duas cirurgias, 17 meses sem disputar jogos oficiais e sem ser convocado, Ronaldo não só participou de todas as sete partidas do Brasil na campanha do pentacampeonato mundial como tornou-se o artilheiro da Copa, com oito gols. Marcou o primeiro na nervosa estreia contra a Turquia, na difícil vitória brasileira por 2 × 1. Outro contra a China e mais dois na goleada sobre a Costa Rica. Fechou os 2 × 0 nas oitavas de final contra a Bélgica, colocou o Brasil na final com um gol de bico, novamente diante dos turcos, nas semifinais. E, na decisão contra a Alemanha, marcou os dois gols contra o até então intransponível goleiro Oliver Kahn que valeram o penta. Uma fenomenal ressurreição de Ronaldo para a vida e para o futebol. Que não parou aí.

Naquele mesmo ano de 2002, Ronaldo ganhou pela terceira vez o prêmio de o melhor do mundo da Fifa, já como jogador do Real Madrid, para onde havia se transferido logo depois do Mundial. Em sua volta à Espanha, jogando ao lado de outros astros, como o francês Zidane, Ronaldo foi campeão e artilheiro do Espanhol logo na primeira temporada. Mas, depois, voltou a se machucar frequentemente e passou a ser questionado por aparentar estar acima do peso ideal. Mesmo assim, em 2006, foi chamado para sua quarta Copa do Mundo, na Alemanha. O Brasil não passou das quartas de final, eliminado pela França, mas Ronaldo, com mais três gols, tornou-se o maior goleador da história das Copas do Mundo, com 15 marcados.

No Milan, da Itália, para onde se transferiu em 2007, Ronaldo jogou pouco. No dia 13 de fevereiro de 2008, em uma partida contra o Livorno, ele entrou no lugar de Gilardino no segundo tempo e, ao tentar subir para cabecear, acabou se machucando mais uma vez. Era o mesmo tipo de lesão no joelho direito que o havia feito sofrer tanto de 1999 a 2001. Ronaldo, então, teve seu contrato com o Milan rescindido e passou a ser visto como um ex-jogador. Depois de ter manifestado várias vezes o desejo de jogar pelo Flamengo, chegou a treinar no clube para recuperar-se da cirurgia no joelho. Mas, finalmente, acertou seu ingresso no Corinthians, onde voltaria a ser rei.

Em 9 de dezembro de 2008, o retorno de Ronaldo ao futebol brasileiro depois de 14 anos é oficialmente anunciado. Três dias depois, ele é recebido no Parque São Jorge com uma grande festa e assina um contrato que prevê participação nos patrocínios a serem conseguidos para o uniforme do time a partir de sua presença em campo. Durante dois meses, Ronaldo realizou apenas trabalhos físicos, mas, quando finalmente voltou aos gramados, mostrou a que veio. Depois de jogar apenas 20 minutos contra o Itumbiara, de Goiás, pela Copa do Brasil, marcou, de cabeça, o gol do empate por 1 a 1 já nos acréscimos, justamente contra o rival Palmeiras. No jogo seguinte, fez o gol da vitória por 1 a 0 sobre o São Caetano.

No Campeonato Paulista, Ronaldo marcou oito gols em dez partidas, incluindo os decisivos contra o São Paulo nas semifinais e contra o Santos no primeiro jogo da final. Na decisão da Copa do Brasil, contra o Internacional, deixou sua marca no primeiro jogo, vencido pelo Corinthians, no Pacamebu, por 2 a 0. O Corinthians conquistou ambos os títulos, e Ronaldo firmou-se definitivamente como o principal jogador da equipe às vésperas da comemoração de seu primeiro centenário.

Corinthians e Ronaldo, uma história fenomenal. De ambas as partes.

CRISTIANO RONALDO

Ele adora driblar e, por isso, muitas vezes é criticado. Mas também sabe fazer gols. E como: em 2008, o português Cristiano Ronaldo foi o artilheiro do Campeonato Inglês (com 31 gols marcados em 34 jogos) e da Liga dos Campeões (com oito em 11 partidas). No final do ano, havia balançado as redes adversárias nada menos que 44 vezes e ganhou o prêmio de Melhor Jogador do Mundo, conferido pela Fifa. Aos 24 anos, já está perto da marca dos 200 gols. É bom cabeceador, grande batedor de faltas e eficiente também nos passes.

Destro, 1,84 metro de altura e pesando 76 quilos, Cristiano Ronaldo dos Santos Aveiro nasceu no dia 5 de fevereiro de 1985, na freguesia de Santo António, na Ilha da Madeira.

Seu segundo nome, Ronaldo, homenageia o ex-presidente Ronald Reagan, que, nos tempos de ator, era o favorito de seu pai, José Diniz Aveiro. Cristiano Ronaldo deu seus primeiros chutes aos 8 anos, nas categorias de base do pequeno Andorinha, de Portugal. Em 1995, foi para o Nacional da Ilha da Madeira, onde também atuou somente nas categorias de base. Dois anos depois foi mandado para o Sporting, de Lisboa, como pagamento de uma antiga dívida do Nacional. Naquela mesma temporada, passou pelas equipes sub-16, sub-17 e sub-18 e, finalmente, chegou ao time principal do Sporting.

Aos 15 anos, Cristiano Ronaldo teve diagnosticado um problema no coração. Submetido a uma cauterização a laser, alguns dias depois já estava de volta aos gramados. No jogo de inauguração do Estádio Alvalade XXI, em Lisboa, em 2003, o Sporting venceu o Manchester United por 3 a 1, e os próprios jogadores do time inglês pediram sua contratação ao técnico e dirigente sir Alex Ferguson, para substituir David Beckham, que havia ido para o Real Madrid. Cristiano Ronaldo tinha, então, apenas 18 anos de idade.

Na temporada seguinte, Cristiano Ronaldo já ganhava seu primeiro título pelo Manchester, a Copa da Inglaterra. Em 2007/2008/2009, faturou o tricampeonato inglês. Em 2008, vieram a Liga dos Campeões e o título mundial de clubes da Fifa. "Ele é melhor do que George Best e Denis Law, dois grandes e brilhantes jogadores da história do United", chegou a dizer sobre Cristiano Ronaldo o ex-craque holandês Johannes Cruyff. Pela seleção de seu país, Portugal, Cristiano Ronaldo já marcou mais de 20 gols. Foi vice-campeão da Eurocopa jogando em casa, em 2004, e ajudou a equipe a se classificar em quarto lugar na Copa do Mundo disputada na Alemanha, em 2006. Naquele Mundial, marcou um único gol, na vitória por 2 a 0 sobre o Irã.

Em junho de 2009, depois de um namoro que se arrastou durante meses, o Manchester United finalmente aceitou a proposta do Real Madrid para ter Cristiano Ronaldo. Por 94 milhões de libras – a maior e mais cara contratação do futebol mundial em todos os tempos –, o craque português brilha hoje no Real Madrid ao lado do brasileiro Kaká.

Cristiano Ronaldo. Mais uma prova de que o português é a língua dos maiores craques do mundo. Independentemente do sotaque.

CORINTHIANS
×
SANTOS

OS TIMES

CORINTHIANS
Em campo:
Gilmar, Zé Maria, Gamarra, Roberto Belangero, Wladimir, Fred Rincón, Roberto Rivellino, Neto, Marcelinho Carioca, Ronaldo, Sócrates.

No banco:
Dino Sani, Casagrande, Carlito Tevez.

SANTOS
Em campo:
Gilmar, Carlos Alberto, Mauro, Ramos Delgado, Lima, Zito, Clodoaldo, Dorval, Coutinho, Pelé, Pepe.

No banco:
Mengalvio, Pagão, Serginho Chulapa.

FAUSTO SILVA ESCALOU O SANTOS

O Santos de todos os tempos foi escalado pelo grande nome da Rede Globo de Televisão Fausto Silva. Antes de trabalhar na TV, Fausto trabalhou em rádio e foi repórter de campo da famosa equipe de esportes do Osmar Santos. O dono do "Domingão" conhece o futebol e seus personagens como ninguém. É amigo de todo mundo, e a maioria das grandes estrelas do futebol brasileiro, tanto do presente quanto do passado, é *habitué* da sua famosa pizzaria caseira.

Fausto é santista desde criancinha e escalou o seu Santos lamentando ter de escolher só 14, coisa que ele deixa clara no seu bilhete: "Segue o meu Santos dos sonhos (O que tem de opção não é fácil)".

O JOGO

Corinthians versus Santos sempre foi o verdadeiro "Choque-Rei". A expressão chegou até a ser utilizada para definir partidas de menor importância, mas a verdade é que só nos Corinthians × Santos os dois reis se chocavam: Rivellino, o Reizinho do Parque, e Pelé, o Rei da Vila Famosa.

Mas, apesar do encontrão majestático sempre esperado, a grande atração da partida Corinthians de todos os tempos contra o Santos de todos os tempos era um outro representante da nobreza futebolística: Lorde Gilmar dos Santos Neves, que, pela primeira vez, ia defender o gol das duas equipes.

Alguns diziam que Gilmar jogaria melhor pelo Corinthians, sua equipe do coração, na qual tinha obtido as suas maiores conquistas: o título de Campeão do IV Centenário, em 1954, e a convocação para a Seleção Brasileira de 1958, Campeã Mundial na Suécia.

Outros diziam que Gilmar jogaria melhor pelo Santos, em agradecimento aos bons momentos de lazer que a equipe praiana lhe proporcionara, incluindo uma viagem ao Chile, em 1962, para algumas partidas integrando uma seleção de veteranos, e visitas a cidades como Lisboa e Milão para amistosos do time santista com equipes locais.

Fosse qual fosse a preferência de Gilmar, o que ninguém duvidava era que, tanto num gol quanto no outro, ele jogaria vestido com o seu tradicional uniforme preto, que o tornou mundialmente conhecido como o Aranha Negra.

A partida Corinthians de todos os tempos versus Santos de todos os tempos foi realizada num domingo ensolarado na Vila Belmiro, e o aconchegante estádio ficou lotado, particularmente por milionários corintianos que aproveitaram a proximidade geográfica para abandonar suas casas de fim de semana em Laranjeiras, Sítio São Pedro e Iporanga, pegar seus Porsches, Ferraris ou helicópteros e ir até a Vila Belmiro prestigiar a equipe corintiana, que estampava na camisa o nome do seu patrocinador: a Louis Vuitton.

O Corinthians, que naquele ano tinha priorizado outros campeonatos (como o Paulistão, conquistado em março, a Copa Brasil, conquistada em maio, e a Libertadores, conquistada em junho), tinha deixado o Brasileirão bastante de lado e, por isso, chegava àquele jogo final um ponto abaixo do Santos, que liderava a competição.

Para ser campeão, o Corinthians precisava da vitória. Para o Santos, bastava o empate. Muitos diziam que a tarefa do Santos não seria tão difícil, já que a equipe corintiana, na verdade, estava com a cabeça na final do Mundial de Clubes, que ia ser realizada na semana seguinte, em Tóquio. Dentro de campo, essa expectativa se confirmava.

O Santos começou avassalador, com tabelinhas entre Pelé e Coutinho, aparições no ataque de Zito e Clodoaldo, dribles desconcertantes de Dorval e tirambaços de Pepe. Já o Corinthians era apenas uma equipe apática, sem nenhum destaque.

No Santos, entre todos aqueles craques, Coutinho, com sua habilidade impressionante e impecável preparação física (98 quilos distribuídos no seu 1,64 metro de altura), brilhava particularmente.

Já no Corinthians, Ronaldo, excessivamente magro (portanto, fora do seu melhor estado físico), era figura apagada em campo, e, com exceção de Roberto Rivellino, sempre exuberante, o resto da equipe também se mostrava numa tarde pouco inspirada.

Gilmar, no gol do Corinthians, teve que operar alguns milagres. O primeiro, numa falta batida por Pepe com força e no ângulo esquerdo. O segundo, quando Coutinho entrou livre na pequena área, cara a cara com ele, tocou no canto, mas Gilmar pegou. E um outro numa cabeçada de Pelé, idêntica àquela defendida por Gordon Banks no Mundial de 1970, que Gilmar defendeu com mais estilo e elegância do que o espalhafatoso goleiro inglês.

O Corinthians realmente estava mal naquele primeiro tempo, e Gilmar no gol do Santos praticamente não teve trabalho.

As duas únicas situações de perigo criadas pelo Corinthians foram quando Gilmar no gol do Santos bateu roupa num chute despretensioso de Sócrates, cedendo o rebote para Marcelinho Carioca, que, cara a cara com o gol, não soube aproveitar. E a outra quando, num escanteio cobrado por Neto, Gilmar saiu atabalhoadamente do gol santista, catando borboletas, permitindo, assim, que Ronaldo cabeceasse livre, com o gol escancarado. Ronaldo, que sempre se notabilizou por suas cabeçadas certeiras, dessa vez cabeceou mal e perdeu o gol.

No segundo tempo, o jogo não mudou. O Santos continuou ofensivo e massacrante, e o Corinthians, apático e desinteressado.

Por três oportunidades seguidas, o Santos só não fez o gol graças às defesas espetaculares de Gilmar, verdadeiro paredão no arco corintiano.

Mas, aos 32 do segundo tempo, as expectativas se inverteram: após uma falta violentamente cobrada por Pepe – que Gilmar encaixou depois de um voo espetacular –, o próprio Gilmar se preparou para bater o tiro de meta.

Bateu forte tentando alcançar Ronaldo, que rondava a grande área santista. A bola passou por Ronaldo, que não alcançou, pelo santista Mauro, que marcava Ronaldo, quicou no chão e foi quase escorrendo lentamente em direção a Gilmar, debaixo do gol santista.

Gilmar se abaixou para pegá-la, mas, num momento de falha, raro em sua carreira, permitiu que ela passasse por suas mãos e escorresse pelo meio de suas pernas. Atônitos, os poucos santistas presentes no estádio viram a bola ir morrer de mansinho no fundo do gol. Discretos, os milionários corintianos que lotavam a Vila Belmiro comemoraram. Corinthians: 1 a 0. Gol do goleiro Gilmar.

O placar adverso não esmoreceu o Santos, que partiu com tudo pra cima do Corinthians. Mas Gilmar no gol corintiano continuava pegando tudo. Aos 45 minutos, subiu a placa. Três minutos de acréscimo. Aos 47 minutos, Zito lança a Clodoaldo, que toca para Pelé. O Rei da Vila toca para Coutinho, que devolve para Pelé, que toca para Coutinho novamente. É a infernal tabelinha iludindo primeiro o Reizinho do Parque, Roberto Rivellino, depois, Fred Rincón e, por último, Roberto Belangero.

Depois de ultrapassar Belangero, Coutinho fica livre, de frente para Gilmar, prontinho para fazer o gol, mas é aterrado por trás por Gamarra. Pênalti inconteste.

Gamarra, que, naquele momento, acabara de cometer o único pênalti de sua carreira, é expulso. Os poucos santistas presentes no estádio comemoram.

Quem vai bater o pênalti é Pelé, que acabara de inventar a infalível paradinha e já havia feito com ela 14 gols naquele Brasileirão.

Para os santistas, não havia dúvida. Pelé correria, daria a paradinha, tocaria na bola e faria o gol. Assim, o Santos empataria no último minuto, sagrando-se campeão.

Mas o futebol é um baú Vuitton de surpresas, como comentou um dos milionários corintianos com sua namorada, impecavelmente vestida num pretinho-e-branquinho básico da Prada. Realmente. Pelé ajeitou a bola como sempre, correu como sempre, deu a paradinha como sempre, chutou forte, rasteiro e no canto como sempre, mas Gilmar, que adivinhara o canto, surpreendentemente tocou com a ponta dos dedos na bola e a colocou para fora.

Entre a paradinha de Pelé e o salto de Gilmar, o estreante narrador da Rede Globo de Televisão Galvão Bueno gritou: “Vai que é tua, Gilmar”, criando, assim, um bordão que voltaria a utilizar em muitas outras oportunidades de sua vitoriosa carreira.

Não havia tempo para mais nada. O juiz apitou, o jogo acabou e o Corinthians foi campeão.

Gilmar do Corinthians foi considerado o melhor em campo, e Roberto Rivellino, eleito antecipadamente o verdadeiro Rei do futebol mundial, destaque de todos os títulos conquistados pelo Corinthians naquele ano, incluindo o Mundial Interclubes, que o Corinthians ganhou na semana seguinte, vencendo o Manchester United com certa facilidade.

Curiosidade: no final do jogo, enquanto o Gilmar do Corinthians saiu de campo apressado direto para um jantar de comemoração do título, na residência de alguns amigos milionários na praia de Iporanga, o Gilmar do Santos Futebol Clube saiu de campo caminhando lentamente, de cabeça erguida, com um discreto sorriso nos lábios. Horas depois, foi visto no mesmo jantar.

NOTAS DE RODA-OS-PÉS

• A expressão "Choque-Rei" foi criada pelo jornalista Thomas Mazzoni, de *A Gazeta Esportiva*, em 1942, como apelido para os jogos São Paulo × Palmeiras.

• Gilmar esteve no Chile como titular absoluto da Seleção Brasileira bicampeã no Mundial de 1962. E em Lisboa e Milão pelo Santos, que foi Bicampeão Mundial Interclubes contra o Benfica e o Milan.

• Aranha Negra era o apelido do excepcional goleiro russo Lev Yashin.

• Coutinho sempre teve propensão a engordar, mas, mesmo gordo, foi um dos maiores centroavantes da história do futebol brasileiro. Sua altura exata era 1,68 metro e seu peso máximo como jogador chegou a 82 quilos e meio.

• O grande goleiro inglês Gordon Banks sempre se notabilizou por sua segurança e discrição.

• A cabeçada é considerada pelo próprio Ronaldo como o seu fundamento mais fraco. Mas, no Corinthians, Ronaldo já fez diversos gols de cabeça. O primeiro em sua segunda partida contra o Palmeiras, no dia 8 de março de 2009. Detalhe: no Corinthians, Ronaldo já fez até mesmo dois gols de cabeça num só tempo de jogo. O fato, raro até mesmo na carreira daqueles que são considerados grandes cabeceadores, aconteceu na partida Corinthians 4 × 3 Sport, realizada no dia 16 de julho de 2009.

• Pelé realmente perdeu um pênalti dando a paradinha contra o Corinthians. Mas o goleiro corintiano não era Gilmar, era Heitor, que pegou esse pênalti na partida Corinthians 1 × 1 Santos, realizada no Pacaembu, no dia 30 de setembro de 1964.

• Galvão Bueno consagrou o bordão "Vai que é tua..." no Mundial de 1994, nos Estados Unidos. O inspirador do bordão foi o goleiro Taffarell, titular da Seleção Brasileira, campeã mundial naquele ano. "Vai que é tua, Tafarell", dizia o Galvão. E o Taffarell ia e pegava.

GILMAR

O Corinthians acabara de empatar com o Palmeiras por 1 a 1, conquistando, assim, o título de campeão paulista de 1954, ano do festejado IV Centenário da fundação da cidade. Entre as centenas de torcedores que agora invadem o gramado do Pacaembu para abraçar seus ídolos, há um que carrega, orgulhoso, uma enorme placa. Naquela colagem caseira, feita em cima da capa da edição mais recente da revista *A Gazeta Esportiva Ilustrada*, vê-se em primeiro plano a figura garbosa do goleiro Gilmar dos Santos Neves, com ambas as mãos espalmadas. Em volta da fotografia colorizada, uma frase traz a melhor definição para o papel de Gilmar na história do Sport Club Corinthians Paulista: "Supremo Guardião do Campeão do Centenário".

Naquela decisão, que daria ao Corinthians seu último título importante nos 22 anos, oito meses e uma semana seguintes, Gilmar esteve particularmente impossível. O alvinegro precisa apenas do empate para ser campeão, mas, depois de fazer 1 a 0 – com Luizinho, de cabeça – logo aos dez minutos, passa a sofrer uma terrível pressão. Que no segundo tempo, com o Palmeiras jogando a favor do vento, torna-se insuportável. Aos sete minutos, vem o empate, em uma jogada na qual o palmeirense Jair cobra para dentro da área uma falta de Homero em cima de Liminha. Idário tenta cortar de cabeça, a bola ganha efeito e é tocada por Ney quando já está quase dentro do gol. A partir daí, só dá Palmeiras. E só dá Gilmar, que praticamente garante a taça para o Corinthians, transformando-se no melhor jogador em campo.

Uma atuação tão marcante que, 50 anos depois, em 2005, ao ser entrevistado para o livro-homenagem *Tributo a Gylmar*, Oberdan Cattani, outra lenda debaixo dos três paus, mas pelo Palmeiras, não teve dúvida ao afirmar que "Ele salvou o Corinthians. Se eles foram campeões em 1954, foi por causa das defesas do Gilmar".

Sóbrio, seguro, dono de ótima colocação e de reflexos apurados, do alto do 1,85 metro que lhe valeu o apelido de Girafa entre os companheiros, Gilmar jamais pesou além de 75 kg ao longo de toda a sua carreira. Quando engolia um frango, ia logo dizendo: "Pode deixar, rapaziada. Eu errei, mas agora esses caras não vão marcar mais nenhum, não", costumava contar. Tinha um ritual: ia de uma trave à outra fazendo um risco grosso com os cravos da chuteira esquerda. Na base de cada trave, dava três batidinhas com a ponta do pé, virava-se e batia uma vez com o calcanhar, sempre com o pé esquerdo. Media a distância entre os dois postes e, exatamente na metade, fazia um risco até a linha horizontal da pequena área. Aí, então, o jogo podia começar.

Gilmar nasceu Gylmar, assim mesmo, com y – embora essa grafia não tenha vingado em sua vida futebolística – no dia 22 de agosto de 1930, em Santos, terra de outros grandes craques da história corintiana, como Cláudio e Baltazar. A residência da Rua São José, 78, no bairro do Macuco, em que ele veio ao mundo, pertencia a seus pais, João, comerciante, e Conceição dos Santos Neves, dona de casa, o que demonstra um conforto financeiro mínimo desde o berço. Nas peladas de rua, Gilmar era ponta-esquerda, tanto no Juvenil Corinthians quanto no Juvenil Vila Hayden, ambos times amadores de Santos. Ele só foi para o gol, aproveitando-se de seu biótipo esguio, no infantil do Grêmio São Luiz, do Colégio Santista, onde estudava. Para desgosto principalmente de sua mãe, abandonaria o curso comercial básico no quarto ano para se dedicar ao futebol.

Aos 16 anos, tentou treinar no Santos, mas não deixaram. Chateado, foi parar no Portuários, o clube dos funcionários da Companhia Docas da cidade. Foi atendendo a um pedido de Alcides, irmão de Gilmar, que o técnico Arnaldo de Oliveira, o Papa, velho descobridor de talentos, deu-lhe a primeira oportunidade nos juvenis do Jabaquara, e ele passou a trabalhar também no escritório do clube, acumulando essa função com a de jogador de futebol.

Em 1950, Gilmar foi promovido aos profissionais pelo técnico argentino Armando Renganeschi, em um jogo em que o titular Mauro estava machucado. Apesar de seu time ter sido goleado pelo São Paulo por 5 a 1, naquele dia Gilmar foi considerado o melhor jogador em campo. Isso se tornaria uma constante durante todo o Campeonato Paulista de 1950, quando, apesar de ele ter sido o goleiro mais vazado (42 gols sofridos em 18 jogos) e de atuar no time que ficou em 12º e último lugar, Gilmar conseguiu se destacar. Como prova o seguinte comentário do jornal *Mundo Esportivo* de 12 de janeiro de 1951, seguramente um dos primeiros registros da imprensa sobre ele: "Surgiu outro arqueiro – Gilmar. Colocação, golpe de vista, coragem são seus principais atributos, levando-nos a crer que terá brilhante futuro como defensor de um clube de maiores possibilidades do que o Jabaquara [...]".

Esse clube seria justamente o Corinthians, que Gilmar defenderia durante toda uma década, entre 1951 e 1961.

Foi também como jogador do Corinthians que Gilmar se firmou na Seleção Brasileira e alcançou a condição de melhor goleiro do mundo. Ele começou a brilhar durante a primeira excursão do Brasil à Europa, em 1956, amenizando a derrota por 4 a 2 para a Inglaterra, em Wembley, ao defender dois pênaltis – um cobrado por Atyeo, quando o jogo ainda estava empatado em 2 a 2, e o outro, de Byrne, quando os ingleses já venciam por 3 a 2. Naquela excursão, Gilmar atuou boa parte do tempo com um caco de vidro enfiado em sua mão direita, proveniente de uma garrafa que se quebrou em um treino. Apesar de suas queixas, o médico da Seleção dizia que as dores que vinha sentindo "não eram nada". Somente em São Paulo o doutor Sérgio Blumer Bastos, do Corinthians, constatou o corpo estranho e tratou de extirpá-lo por meio de uma pequena operação.

Gilmar chegou ao ápice como titular da Seleção na conquista da primeira Copa do Mundo pelo Brasil, em 1958, na Suécia. Ele e o gaúcho Oreco, reserva de Nilton Santos na lateral-esquerda, foram os únicos corintianos convocados, mas, ao contrário do companheiro de clube, que nem sequer chegou a entrar em campo, Gilmar teve participação decisiva. Permaneceu invicto durante os quatro primeiros jogos e só foi levar gols na semifinal, contra a França, quando o Brasil venceu por 5 a 2. Gilmar foi apontado pela imprensa sueca como o melhor goleiro daquela Copa, com a nota 10, à frente do soviético Yashin e do irlandês Gregg, que obtiveram o índice 9.

Durante os dez anos de Parque São Jorge, Gilmar jamais se furtou a demonstrações públicas de corintianismo. Mesmo as pessoas mais próximas a ele garantem: até hoje, seu coração é alvinegro, com um lugar especialmente reservado à conquista de 1954. Também não foram poucas as vezes em que Gilmar afirmou querer encerrar a carreira no próprio Corinthians. "Esse time é uma religião", chegou a declarar à *Manchete Esportiva*, logo após o empate por 3 a 3 com o Santos, com um gol marcado pelo centroavante Paulo no último minuto de jogo, que valeu a conquista em definitivo da Taça dos Invictos. A frase de Gilmar, de tão significativa, serviu de legenda para uma foto em que ele dava um de seus tradicionais voos, na contracapa da edição da revista de 9 de novembro de 1957. Aquela, porém, seria a última conquista do legendário Corinthians que Gilmar ajudou a construir ao lado de Olavo, Idário, Goiano, Roberto, Cláudio, Luizinho e Baltazar. Invicto até a penúltima rodada do Campeonato Paulista de 1957, o Corinthians sucumbiu com duas derrotas na reta final, para o Santos (1 a 0) e para o São Paulo (3 a 1), e caiu da liderança para um modesto terceiro lugar. Provocado pelo são-paulino Maurinho, que, ao marcar o terceiro gol tricolor, resolveu lhe desarrumar os cabelos, Gilmar não se conteve: saiu correndo atrás do adversário por todo o campo.

Na volta da Copa do Mundo, os problemas entre Gilmar e o Corinthians se intensificaram. "Quando voltei da Suécia, achei que devia descansar um pouco", disse o goleiro à *Revista do Esporte*, em março de 1959. "Cláudio [seu ex-companheiro de time e agora técnico] achou que eu não poderia me ausentar da equipe." Na sequência, uma contusão no braço afastou Gilmar do gol corintiano por sete meses, entre setembro de 1958 e abril de 1959. Naquele período, Cabeção, sua eterna sombra, de volta ao Parque São Jorge, assumiu o posto. Após rumores de transferências não concretizadas – primeiro para o Vasco, depois para o Real Madrid, da Espanha –, a tensão entre Gilmar e a torcida explode em agosto de 1960, após uma derrota para o pequeno Jabaquara, em pleno Parque São Jorge, por 3 a 2. Ofendido no vestiário, Gilmar chega às vias de fato com alguns provocadores e, na briga, fratura um dedo da mão esquerda, afastando-se mais uma vez da equipe. Quando volta, quase meio ano depois, em janeiro de 1961, em uma derrota por 2 a 1 para o Flamengo, no Pacaembu, no primeiro jogo do ano, Gilmar afirma: "Respeito Cabeção, mas o titular sou eu". Porém, não haveria mais tempo nem clima para a reconciliação com o Corinthians.

As últimas participações de Gilmar com a camisa 1 corintiana foram tristemente marcadas pelo "Faz-me Rir", o time que perdeu sete, empatou dois e venceu apenas outros dois dos 11 primeiros jogos do Campeonato Paulista de 1961. E que, justamente por isso, acabou apelidado com o nome de um bolero choroso e de muito sucesso interpretado pela cantora Edith Veiga. Em nove daquelas partidas, Gilmar estava no gol. Na noite de quarta-feira, 16 de agosto de 1961, no Pacaembu, ele realiza o último de seus 395 jogos pelo Corinthians, nos quais sofreu 527 gols. Derrota para o Santos por 5 a 1.

Estava criado um impasse. A diretoria corintiana, respaldada pelos médicos do clube, achava que Gilmar, diante da péssima situação da equipe, forçava sua transferência para outro clube. Já o jogador alegava a necessidade de passar por uma cirurgia, que chegou a pagar do próprio bolso. "Contundi-me e o clube demorou muito a autorizar a intervenção. Só a 25 de setembro foi que enfrentei o bisturi", declarou Gilmar à *Revista do Esporte*. "Depois disso, nem mesmo quis voltar ao clube. Pedi autorização para fazer o tratamento fora, com o meu médico particular, doutor João de Vicenzo, o mesmo que havia me operado". Em novembro, o Corinthians publica em sua revista oficial um agressivo texto, intitulado "Os que não sabem morrer": "Gilmar, que sempre mereceu a mais acentuada atenção, o mais carinhoso aplauso, o mais paternal incentivo da família corinthiana, acabou evaporando-se no ar da ingratidão. Buscou a lagoa mais lodosa para entoar seu 'canto do cisne'.

O presidente Wadih Helu, interpretando o pensamento da coletividade mosqueteira, surgiu para declarar peremptório: 'Gilmar não mais vestirá a camisa do Corinthians!' E com isto colocou-se um ponto final na carreira de Gilmar no grêmio da Fazendinha. A família corinthiana recebeu com uníssona ovação o ato da presidência. Se em outras épocas Gilmar lutou por êxitos corinthianos, afora a retaguarda que teve dos dirigentes e da torcida, sempre foi excelentemente remunerado. Se Gilmar alcançou os píncaros da carreira de um jogador de futebol, deve-o ao Corinthians, que o projetou e o ajudou a subir. Suas declarações – mentirosas – foram demasiadamente chocantes e só mereciam a resposta que recebeu e o desprezo da família corinthiana. Quem não sabe morrer não tem o direito de viver!!". Seu passe, estipulado em 10 milhões de reais, chegou a ser pretendido pelo Peñarol, do Uruguai, mas acabou arrematado mesmo pelo Santos. Lá, onde chegou já aos 31 anos, Gilmar também fez história. Seria bicampeão da Libertadores e do Mundial e ganharia uma série de outros títulos paulistas e nacionais. Pela Seleção Brasileira, ainda teria tempo de ser bicampeão mundial, no Chile, em 1962, e disputar a Copa de 1966, na Inglaterra. Para ter o maior goleiro do mundo, o Santos não poupou esforços em emprestar dinheiro da Federação Paulista de Futebol, cujo presidente à época, José Ermírio de Moraes Filho, acabou fazendo a doação de uma parte que faltava. No dia 19 de dezembro de 1961, na sede da Federação Paulista, Gilmar assinou um contrato em branco com o Santos, pelo qual receberia 2 milhões e 500 mil cruzeiros de luvas e salários de 150 mil cruzeiros mensais, praticamente o mesmo que ganhava no Corinthians.

Ao encerrar sua carreira, Gilmar continuou como chefe de seção da Secretaria da Fazenda. Aceitou o convite para ser relações-públicas de uma concessionária de automóveis em Santo André, na Grande São Paulo, e, depois de trabalhar em outras empresas do mesmo ramo, tornou-se sócio de sua própria concessionária. Foi também presidente do Sindicato dos Atletas Profissionais de São Paulo, incorporador de prédios e supervisor da Seleção Brasileira por um curto período, em 1983. Em 2000, sofreu o acidente vascular cerebral (AVC) que deixou paralisado um dos lados de seu corpo. Vive hoje, aos 78 anos, em um apartamento no bairro dos Jardins, em São Paulo.

Em maio de 1968, em entrevista à *Revista do Esporte,* ao ser indagado se voltaria a defender o Corinthians, Gilmar foi lacônico: "Não acredito que isso possa acontecer". Mas ele voltaria, sim, ao Parque São Jorge, pelo menos mais uma vez. Foi em uma noite de 1991, para receber a faixa de Campeão Brasileiro de 1990, o primeiro título nacional da história do clube, dada simbolicamente também a outros ídolos do passado, como o lateral-direito Zé Maria e seus ex-companheiros Idário e Carbone. Prova de que, para o torcedor corintiano, Gilmar dos Santos Neves é e sempre será o Supremo Guardião do Campeão do Centenário.

PELÉ

Pelé foi o Pelé.

MUITO OBRIGADO.

Esta página é só para agradecer aos amigos Alfredo Marcantonio, Carlos Saul Menem, Chico Pinheiro, Fausto Silva, Jô Soares, João Moreira Salles, Jorge Ben Jor, José Serra, Luis Bassat, Luis Fernando Verissimo, Paulo Vinicius Coelho, Pedro Sirotsky, Ricardo Kotscho, Samuel Rosa e Sé rgio Cabral por terem aceitado o meu pedido e mandado as suas escalações dos seus times dc todos os tempos.

Ao jornalista Celso Unzelte, pela precisão nas pesquisas e os textos previamente mastigados.

Ao Matinas Suzuki, sempre uma inspiração quando o assunto é futebol ou jornalismo.

Aos meus companheiros de W/, Carlos Conti e a Daniela Romano pela dedicação na primeira revisão e organização do material.

A minha mulher Patrícia por suportar a minha ausência muitas noites e diversos finais de semana quando estive trancado no escritório de casa escrevendo.

E ao meu filho Theo, que sem querer, acabou me dando a ideia de fazer este livro.

ÍNDICE ONOMÁSTICO

Números em *itálico* (grifo): páginas de
Notas de roda-os-pés
Números em **negrito**: páginas do perfil biográfico

Coordenação editorial: Pascoal Soto (corintiano)
Assistência editorial: Max Gimenes (palmeirense)
Preparação de textos: Esnider Pizzo (são-paulino)
Revisão de textos: Cida Medeiros (são-paulina)
Projeto gráfico de miolo e diagramação: A2 – AC (são-paulino), Mika Matsuzake (palmeirense), Tiago Ferro (são-paulino)
Capa: Fabio Meneghini (são-paulino)

Crédito das imagens:
Conteúdo Expresso: págs. 14 (JOSÉ PINTO/Editora Abril), 17 (NELSON COELHO/Editora Abril), 31 (J. B. SCALCO/Editora Abril), 47 (LEMYR MARTINS/Editora Abril), 60 (CIDA SOUZA/Editora Abril), 71 (IGNACIO FERREIRA/Editora Abril), 76 (RICARDO FASANELLO/STRANA/Editora Abril), 84 (RONALDO KOTSCHO/Editora Abril), 101 (RODOLPHO MACHADO/Editora Abril), 115 (NELSON COELHO/Editora Abril), 125 (LEMYR MARTINS/Editora Abril), 130 (ALEXANDRE SANT"ANNA/Editora Abril), 136 (NELSON COELHO/Editora Abril), 150 (MARIO RODRIGUES/Editora Abril), 167 (CARLOS NAMBA/Editora Abril), 172 (EDISON VARA/Editora Abril), 178 (SERGIO MORAES/Editora Abril), 181 (J.B. SCALCO/Editora Abril), 192 (ALEXANDRE BATTIBUGLI/Editora Abril), 206 (ALEXANDRE BATTIBUGLI/Editora Abril), 208 (NELSON COELHO/Editora Abril), 214 (ROBERTO GARVER/Editora Abril), 226 (REGINALDO TEIXEIRA /Editora Abril), 234 (JOSE ANTONIO/Editora Abril), 264 (LEONARDO MARINHO/Editora Abril), 272 (IUGO KOYAMA/Editora Abril), 279 (LEMYR MARTINS/Editora Abril)
Agência Estado: págs. 53, 98, 245
Folha Imagem: págs. 24, 38 (SÉRGIO LIMA/Folha Imagem), 186 (JOEL SILVA/Folha Imagem)
Getty Images: págs. 68 (ODD ANDERSEN/Getty Images), 90 (POPPERFOTO/Getty Images), 145 (BONGARTS/Getty Images), 156 (JORGE DURAN/Getty Images), 197 (CENTRAL PRESS/Getty Images), 222 (STAFF/Getty Images), 256 (RICHARD HEATHCOTS/Getty Images) ,261 (JOHN PETERS/Getty Images)
Weber de Pádua: pág. 106
Stefan Kolumban: pág. 200
Adriana Vichi: Celso Unzelte
Rafael Define: família e Washington

Dados Internacionais de Catalogação na Publicação (CIP)
(Câmara Brasileira do Livro, SP, Brasil)

Olivetto, Washington
Corinthians X outros : os melhores nossos contra os menos ruins deles / Washington Olivetto. -- São Paulo : Leya, 2009.

ISBN 978-85-62936-08-1

1. Futebol - Ficção 2. Literatura brasileira I. Título.

09-11337 CDD-869.93

Índices para catálogo sistemático:
1. Ficção : Literatura brasileira 869.93

TEXTO EDITORES LTDA.
[Uma editora do grupo Leya]
Av. Angélica, 2163 – Conjunto 175
01227-200 – Santa Cecília – São Paulo – SP – Brasil
www.leya.com

Este livro foi composto em Bodoni para a Leya, em novembro de 2009.